LE MIRACLE
DES ANDES

HÉCTOR SUANES

LE MIRACLE DES ANDES

**Perdus dans les glaciers,
ils deviennent anthropophages...**

ROMAN

PRESSES POCKET

Titre original de l'ouvrage
El Milagre de los Andes

Traduit de l'espagnol par
Elisabeth DE LAVIGUE

© Héctor Suanes, 1973.
© Presses Pocket, 1993, pour l'édition française.
ISBN : 2-266-05623-9

« Rien n'est plus fantastique que
la réalité. »

Dostoïevski

MONTEVIDEO, MARDI 10 OCTOBRE 1972

Je suis heureux. Mon père m'a autorisé à partir au Chili avec l'équipe de rugby des Old Christians, accompagné de ma mère et de ma sœur María. Ancien élève du collège Stella Maris de Montevideo, dirigé par des prêtres catholiques irlandais, je fais toujours partie de l'équipe du collège. Je poursuis actuellement des études d'ingénieur mécanicien.

Nous envisageons de disputer plusieurs matches contre les Old Boys et le Country Club de Santiago, ceux-là mêmes qui nous ont invités. Nous devons jouer le premier dans l'après-midi du jeudi 12 octobre, jour férié ; aucun problème, puisque notre arrivée est prévue à quatorze heures à l'aéroport de Los Cerrillos. Ma mère et María ne connaissent pas Santiago ; quant à moi, j'y ai déjà séjourné une fois et je puis dire que c'est une grande ville. Nous comptons en profiter au maximum. Comme Gabriel Maturana, qui a vécu trois ans au Chili et est également de la partie. Son enthousiasme est compréhensible, car il est amoureux d'une ravissante Chilienne. Elle s'appelle Ana Luisa, m'a-t-il confié. Gabriel est étudiant en sciences économiques à l'université de Montevideo.

Si nous en avons le temps, je compte emmener ma

mère et María à Viña del Mar : à deux heures à peine de la capitale, c'est une luxueuse station balnéaire, comme j'ai pu le constater lors de mon précédent voyage, aussi belle que Mar del Plata ou Punta del Este, digne des plus grandes d'Europe. On y célèbre chaque année, en février, le fameux Festival de la Chanson.

Le bruit a couru à plusieurs reprises que le voyage risquait d'être annulé. Nous avions affrété auprès de l'armée de l'air uruguayenne l'avion-courrier qui dessert le Chili tous les deux mois, mais il avait été posé comme condition que toutes les places soient louées.

Nous étions quinze membres de l'équipe de rugby, plus quelques remplaçants. Bien peu pour ce géant de l'air. La capacité totale de l'avion est de quarante passagers ; sans compter, bien entendu, l'équipage, composé de cinq personnes, je crois. Il nous a donc fallu nous mettre en quête de participants. Pour réaliser notre projet et atteindre le nombre de passagers requis, chacun d'entre nous s'était engagé à recruter parmi ses parents et ses relations une ou deux personnes au moins pour nous accompagner. Par chance, après plusieurs semaines de doutes et d'indécisions, nous avons pu réunir le nombre nécessaire. Pour ma part, j'ai recruté deux anciens camarades de collège.

C'est Belisario Marchesi, le capitaine des Old Christians, qui présidera la délégation. A son tour, Belisario a persuadé son ami Alberto Riveros, étudiant en droit et en diplomatie, de faire le voyage avec le groupe. Riveros a un peu hésité ; sa mère se trouvait à Buenos Aires et, me dit-il, il ne disposait pas des 40 000 pesos uruguayens que coûtait le billet d'avion ; mais, grâce à Dieu, sa fiancée l'a encouragé fortement à se joindre à nous. Belisario, étudiant à l'Université, est également journaliste, et il compte profiter de son séjour à Santiago pour envoyer quelques chroniques au *Daily Telegraph* de Londres, ainsi que des articles sur la situation politique au Chili. Selon lui, l'Europe manifeste un certain intérêt pour tout ce qui touche à nos pays, et particulièrement pour la politique chilienne actuelle, assez cahotique, à en juger par les informations distillées par la presse.

A Santiago, nous assisterons également, m'ont dit mes camarades, au mariage d'un de nos compagnons de voyage, qui épouse samedi une jeune chilienne. Il ne fait pas partie de l'équipe, mais c'est un grand ami d'un membre du groupe et, apprenant que nous cherchions à compléter le nombre des places, il a décidé de se joindre à nous. Il se nomme Patricio Medina.

MENDOZA, JEUDI 12 OCTOBRE

Ce matin, à huit heures, l'avion a décollé de l'aéroport de Carrasco, direction Santiago du Chili. L'arrivée était prévue pour quatorze heures, mais le mauvais temps a contraint le pilote à faire escale à Mendoza. Nous avons dû y passer la nuit et on nous a informé que le Fairchild ne pourrait repartir que le lendemain midi.

Nous avons même eu le temps de déjeuner; le bruit courait, en effet, que l'avion ne décollerait pas avant une heure de l'après-midi, si d'ici là il n'était pas retardé par les mauvaises conditions météo. Nous étions tous impatients d'arriver, et l'avons fait savoir au commandant de bord, le colonel Domingo Sanfuentes. Le premier match de rugby avec l'équipe chilienne des Old Boys était fixée ce jeudi à dix-sept heures, mais le commandant a jugé imprudent de traverser la Cordillère par ce mauvais temps. « Bon, que pouvons-nous y faire ! Nous jouerons samedi… »

Il ne nous restait plus qu'à passer le temps en nous égaillant dans les rues de Mendoza, une toute petite ville, mais très accueillante, et en faisant des emplettes : surtout des sucreries, biscuits et barres de chocolat. Le chocolat argentin est exquis et meilleur marché que celui d'Uruguay.

Au risque de paraître prosaïque, je dois avouer que presque tous — même ma mère et María — nous avons préféré le comestible aux souvenirs : on nous avait dit, en effet, qu'on trouve difficilement au Chili certaines denrées alimentaires. Évidemment, allez savoir si les journaux disent la vérité, mais un grand nombre d'Argentins ici à Mendoza nous l'ont confirmé, ce qui fait penser qu'il y a sûrement du vrai derrière toutes ces difficultés dont on parle. Ma mère a acheté quatre boîtes de lait concentré et un kilo de fromage.

Un commerçant de Mendoza a raconté à ma mère que l'on avait beaucoup de mal à Santiago à se procurer du lait concentré, du beurre, du fromage, du jambon, et que la viande était pratiquement introuvable, car elle était rationnée ; ce qui l'a incitée à faire quelques provisions. Pour ma part, j'ai fait des réserves de cartouches de cigarettes, beaucoup plus, oserais-je dire, que ma consommation habituelle. J'ai pris cette précaution car, avant le départ, un de mes compagnons s'était entretenu au téléphone avec l'un des membres du Country Club chilien, qui lui avait demandé de lui apporter des cigarettes. Il paraît que de longues queues se formaient dans les rues de Santiago, devant les kiosques à journaux, pour tenter d'en obtenir. Et le Chilien avait instamment prié :

— Vous pouvez oublier le ballon de rugby, mais, par pitié, pensez à nous apporter du tabac !

Qu'est-il arrivé aux deux jeunes qui devaient faire le voyage avec l'équipe ? Ont-ils raté l'avion ou sont-ils tombés malades au dernier moment ? Gilberto Ramirez et Alfredo Cifuentes s'étaient engagés à nous accompagner, mais je ne les ai pas vus. Sans doute ont-ils eu un problème de dernière minute. Dommage, ils ne savent pas quel formidable voyage ils ratent !

Il est deux heures de l'après-midi à ma montre. Cela fait une heure que nous avons décollé de l'aéroport de Plumerillo. Nous survolons en ce moment la Cordillère des Andes, en direction du sud.

Quel spectacle merveilleux! Je crois que seules les ruines de Machu Picchu, dans le département de Cuzco, ou l'arrivée sur Rio de Janeiro, égalent en beauté la vue aérienne du massif andin. Je parle, naturellement, de notre Amérique maltraitée, celle de l'extrémité australe, car je ne suis pas en mesure d'établir des comparaisons avec d'autres sites analogues, qui existent certainement en Europe, mais que je ne connais pas. J'ai du mal, cependant, à imaginer qu'il puisse exister d'autres endroits au monde qui, vus d'en haut, alors que l'on est confortablement assis sur le siège d'un avion, tout à la fois emplissent à ce point votre esprit de leur magnificence et vous donnent la dimension exacte de votre petitesse. Que l'on se sent peu de chose face à l'immensité grandiose de la nature!

Ceux de mes compagnons qui avaient déjà fait la traversée m'avaient parlé de la beauté indescriptible du panorama; et même si, d'une certaine façon, j'étais préparé et que je l'imaginais extraordinaire, il m'est impossible d'exprimer par des mots l'émotion que je ressens en le contemplant de mes propres yeux, d'en haut (j'avais déjà fait le voyage, mais en train et, bien entendu, le paysage n'est pas le même).

Un écrivain aurait peut-être assez d'imagination pour donner une idée, ne serait-ce qu'approximative, du spectacle qui s'offre à nos yeux en ce moment : un drap blanc étiré à l'infini, avec çà et là d'énormes pics dressés dans le ciel. Mais je suis loin d'être un Hemingway!... De même que les Italiens, avec cette façon bien latine de s'exprimer, ont coutume de dire : « Voir Naples et mourir ! », nous autres, Sud-Américains, nous pouvons sans paraître présomptueux affirmer : « Voir la cordillère des Andes et mourir ! », à plus juste titre encore, me semble-t-il.

Pour passer le temps, j'ai dénombré les passagers. Nous sommes quarante au total, sans compter l'équipage. Presque tous sont des hommes ; les femmes, si je ne me trompe, ne sont que cinq, dont ma sœur et ma mère, assise à côté de moi. Quelques passagers somnolent, d'autres lisent ou bavardent avec leurs voisins. Devant moi, sur le siège de gauche, un monsieur que je ne connais pas lit *La Nación*, un journal de Buenos Aires, en faisant un bruit épouvantable à chaque fois qu'il tourne une page, sans se douter le moins du monde de la gêne qu'il peut occasionner à ses voisins de hasard. Pourquoi doit-on toujours tomber, dans les voyages, sur ce type de personnes, qui se soucient comme d'une guigne de ceux qui sont à leurs côtés ?

Pendant que je note ces impressions de voyage sur mon carnet, j'écoute de temps à autre ma mère et María parler avec animation des boutiques qu'elles visiteront à notre arrivée à Santiago où, paraît-il, les vêtements et autres atours féminins sont donnés. Leur portefeuille est bourré d'adresses fournies par des amies à Montevideo. Pauvre vieux père, quel choc quand il recevra la facture ! Pour quoi les femmes ne savent-elles parler que chiffons ?

Le Fairchild, un avion militaire à deux turbopropulseurs, survole en ce moment Curicó, à quelque six mille mètres d'altitude. Mon voisin m'informe, en réponse à ma question, que la ville de Curicó est située dans la région centrale du Chili, à quinze minutes maximum par avion de Santiago, ce qui signifie que nous n'allons pas tarder à atterrir.

Devant moi, un groupe de jeunes chante gaiement :

« Quand je parcours le Chili,
traversant la Cordillère,
mon cœur bat de plaisir
car une Chilienne m'attend... »

Certains prennent des photos à travers les hublots, d'autres bien entendu se lancent un ballon de rugby.

Je regarde par le hublot à ma droite; le ciel est complètement couvert, impossible pour le moment d'admirer le paysage des Andes. De temps à autre, entre des amas de nuages annonciateurs de pluie, j'aperçois des pics neigeux, d'une hauteur impressionnante.

Les haut-parleurs ont diffusé l'ordre d'attacher les ceintures de sécurité et les lumières s'allument.

Que s'est-il passé? Après une brusque secousse, l'avion a effectué une descente soudaine. Il semble avoir perdu de la hauteur. Nous nous regardons tous, franchement inquiets. A nouveau, cette désagréable sensation de vide dans l'estomac, comme dans un ascenseur qui se met à descendre à toute allure. A chaque nouvelle secousse, les garçons poussent des « olé, olé! » pour cacher leur nervosité, tous crient et rient. Je dois arrêter d'écrire on est trop secoués.

CORDILLÈRE DES ANDES,
DIMANCHE 15 OCTOBRE

Il est arrivé quelque chose de terrible.

Je suis encore sous le choc et n'arrive pas à croire à ce cauchemar. L'avion a heurté l'un des pics de la Cordillère et nous voici seuls, au milieu de la neige, à attendre la mort, nous qui avons survécu à cette épouvantable catastrophe.

Je puis à peine écrire, je me sens si faible et commotionné. Il était un peu plus de deux heures de l'après-midi lorsque la catastrophe s'est produite, avant-hier vendredi; deux jours déjà, et pourtant je marche encore comme un somnambule. Nous avons beau avoir passé en partie le pire, je ne parviens toujours pas à me convaincre de cette terrible réalité, ce cauchemar que nous sommes en train de vivre.

Je me repose sur l'un des sièges à demi détruits que nous avons sortis de l'avion avec les autres victimes. Nous avons pu ainsi libérer dans le fuselage un petit espace où s'allonger de façon à mieux dormir la nuit. Alentour, tout n'est que ruine et désolation, solitude et mort. Face à moi gît le squelette du Fairchild, enfoncé dans la neige ; une grande partie de l'avant est cachée pointée vers le bas. On ne voit ni les hélices, ni les ailes, elles ont sans doute été brisées en heurtant la montagne. La partie arrière, y compris la queue, a probablement été projetée très loin sous le choc, à plusieurs kilomètres peut-être, car on n'en voit trace nulle part.

Il ne reste que le fuselage, lequel nous sert d'abri la nuit et une grande partie de la journée, pour nous protéger du froid qui peut descendre à cette altitude à dix degrés au-dessous de zéro. Dieu a eu pitié de nous car, sinon, nous serions tous morts congelés ! Nous avons pu vérifier la température sur un thermomètre trouvé à l'intérieur de la cabine.

Je regarde le fuselage et lis : « Armée de l'air uru » ; je ne parviens pas à lire la fin de l'inscription, qui a été sectionnée comme par une hache. Dans le nez de l'appareil, en partie caché lui aussi, on voit, en petits caractères : « F-227 ».

A proximité des débris de l'avion, à demi enfouis dans la neige, il y a les corps de deux passagers sous des vêtements ensanglantés et des revues uruguayennes. Un peu plus loin, quatre ou cinq valises, les unes fermées, d'autres ouvertes, où l'on aperçoit des chemises et des paires de souliers, curieusement mélangées à des bouteilles vides et à des boîtes de conserve.

Nous avons décliné chacun notre identité. Nous sommes vingt-sept survivants au total, vingt-sept du moins qui sont encore en vie. Je dis « encore », car nul ne sait quel sera notre sort demain ni si nous continuerons à mourir l'un après l'autre : il arrive que ceux qui ont survécu à un accident succombent ensuite à leurs blessures.

Quelques-uns de mes amis de l'équipe de rugby vont et viennent à mes côtés, et dans le regard de chacun se reflète l'immense douleur de ces jours d'horreur. Personne d'autre ne peut savoir ce que nous avons enduré depuis le moment où l'avion s'est fracassé sur la montagne! Je me demande parfois s'il n'aurait pas mieux valu avoir péri alors. Je n'aurais pas été contraint, comme les autres victimes, de supporter ce véritable calvaire au-dessus de mes forces, surtout à la tombée de la nuit, lorsque tout ici dans la montagne n'est qu'obscurité. Par bonheur, nous sommes catholiques, et Dieu nous donne des forces pour espérer et croire que nous serons sauvés.

Nous avons vu passer deux avions au-dessus de nos têtes, ce qui nous a fortifiés dans notre confiance que, tôt ou tard, les équipes de secours parviendront jusqu'à nous. Il est fort probable que nous avons été repérés par l'un de ces avions : en virant devant la chaîne de montagnes au fond de laquelle nous nous trouvions, il a fait demi-tour, comme dessinant une croix, puis est reparti. Nous aurait-il repérés d'en haut? Le pilote serait-il allé en quête de secours?

Je n'ai pu apercevoir aucun de ces avions, vu l'état dans lequel je me trouvais, surtout hier samedi lors du passage du premier; le second n'est apparu qu'aujourd'hui dimanche. Mais les autres passagers m'ont aussitôt mis au courant. Je me reposais à l'intérieur de l'appareil et n'ai pu apercevoir celui d'aujourd'hui; pourtant, malgré mon état, j'étais sorti, enfonçant dans la neige jusqu'à la ceinture, lorsque j'avais entendu les cris délirants de joie des survivants qui se trouvaient alors dehors.

Le premier, m'ont-ils dit, était un avion à réaction, qui

volait à grande altitude. Il s'est éloigné et ne semble pas nous avoir repérés, ce que nous avons attribué au brouillard d'hier qui, hélas, empêchait toute visibilité. Le second était un turbopropulseur. Il volait très bas et est repassé à deux reprises. Les garçons le distinguaient parfaitement car, ce jour-là, le soleil était radieux.

Jorge Cerruti, un des survivants, qui est devenu mon ami, m'a dit l'avoir vu pencher d'un côté, puis de l'autre, comme pour nous faire comprendre qu'il nous avait repérés. Qu'il nous ait survolés à deux reprises, à une altitude moyenne, et, selon le mécanicien qui a survécu également, qu'il nous ait fait une sorte de signal par ses évolutions, a suffi à créer un climat d'optimisme. Surtout après notre découverte dans la cabine avant d'un manuel de pilotage, que chacun a lu pratiquement en entier, pour tenter d'y trouver une aide quelconque. Le cas est mentionné dans une page du livre ; une allusion un peu vague, mais que l'on pourrait interpréter comme le signal que les avions se font pour communiquer entre eux. Pourvu qu'il en soit ainsi !

Je me souviens parfaitement des détails de l'accident.

Le Fairchild poursuivait sa route apparemment sans accroc. Nous volions en pilotage automatique en raison de l'épais brouillard. Je me trouvais près du hublot, au milieu de l'avion, avec María et ma mère, ce qui m'a sauvé, car seuls les passagers assis dans la moitié avant ont miraculeusement réchappé. Les autres, ceux qui occupaient les sièges à l'arrière, ont tous péri.

Tout a commencé lorsque l'appareil se pencha spectaculairement d'un côté. Lequel, je ne saurais le préciser. Mais ce fut en douceur. Immédiatement après, j'eus la nette sensation que l'avion avait commencé à descendre. Sur le moment, je pensai qu'on allait atterrir, car, à cet instant précis, les lumières se sont allumées, tandis que les haut-parleurs diffusaient l'ordre d'attacher les ceintures. On nous prévint ensuite que nous allions entrer dans une zone de turbulences, mais qu'il n'y avait pas de quoi s'inquiéter. Cette annonce à peine faite, je sentis que nous tombions dans un trou d'air. Ce fut une secousse d'une extrême violence, comme si nous étions aspirés vers le bas. Nous avons dû perdre pas mal de mètres d'altitude, mais je ne pourrais pas, bien entendu, préciser combien, car je restai le souffle coupé.

Ma mère et moi, nous nous regardions, visiblement nerveux, ne sachant pas ce qui se passait. Je me souviens que certains passagers commencèrent à faire des plaisanteries, j'entendis ensuite des applaudissements et des exclamations, comme au cours d'une fête. Mais il s'agissait de rires nerveux, chacun essayant de se cacher sa peur. Presque aussitôt, je me rendis compte que nous avions tous commencé à prier. Il y eut une courte pause, puis un autre trou d'air. On pouvait noter au vrombissement des moteurs que le pilote exigeait le maximum de l'appareil.

Soudain, je sentis mon cœur s'arrêter, en voyant par le hublot l'avion frôler, à quelques mètres, un énorme pic. J'avais la sensation que nous tournions en quelque sorte en rond, et aussitôt nous perçûmes le premier choc sur une aile. Puis le second, le vrai. Un bruit sec, comme le clic d'un appareil de photo.

L'avion se brisa en deux. Dans la panique, je vis que la queue de l'appareil se détachait sous le choc et disparaissait à notre vue. Le reste du fuselage, la première moitié de l'avion, avec nous dedans, se mit à dévaler la pente, telle une luge. Une descente incroyable, vertigineuse, on avait l'impression de patiner sur la montagne. Ou plutôt de voler dans les airs. D'une main j'agrippai ma mère comme je pus et, de l'autre, je m'accrochai de toutes mes forces au siège de devant, avec la certitude qu'il ne nous restait plus que quelques secondes à vivre, que l'inévitable se produirait d'un instant à l'autre, que nous allions voler en éclats.

Je tremblais de tous mes membres, une sueur froide dégoulinait sur mes mains, mon visage, sur mon corps tout entier. Il me semble que plusieurs fois je tentai de crier, mais aucun son ne sortit de ma gorge, soit que ma peur fût trop grande, soit qu'il me fût impossible de respirer. Le fuselage dévala probablement la pente sur un kilomètre au moins, puis sa vitesse diminua progressivement et il finit par s'immobiliser complètement.

J'avais entendu parler de ce que l'on appelle « la mémoire de la mort », tout ce qui défile dans l'esprit de quelqu'un dans les derniers moments de sa vie. Relatant cette expérience terrible dans un de ses romans, Dostoïevski raconte ce qu'il endura face au peloton d'exécution lorsque, à peine âgé de vingt-cinq ans, il fut condamné à mort. La peine capitale fut commuée à la dernière seconde et, des années après, il décrivit l'angoisse de ces instants. Je sais à présent ce que c'est, car à ces moments-là, on se souvient de choses auxquelles on n'avait jamais auparavant attaché d'importance ou, du moins, que l'on croyait avoir oubliées. Je pensai à mon enfance, au collège, à mes professeurs, à mon père au loin, à notre maison de Montevideo, à mon chien Jack, et je vis le tout défiler comme dans un film projeté à toute allure devant moi. Et je vis aussi, tel un flash, les titres des journaux annonçant ma mort, tandis que j'entendais avec netteté les sanglots de mes parents et amis pendant mon enterrement.

Après, plus rien, car je perdis connaissance au moment du choc final. Lorsque je revins à moi un moment après, encore à demi inconscient, je me vis seul et abandonné au milieu de la neige, près de six cadavres. On m'avait cru mort, on m'avait jeté, abandonné loin de l'avion, plus personne ne se souvenait de moi !

Je me levai à grand-peine, complètement étourdi et, tel un somnambule qui avance en rêvant dans la neige, je retournai à l'avion pour rejoindre les autres survivants.

Je n'ai aucun souvenir de cette première nuit. J'errai çà et là, balbutiant des phrases incohérentes, et je voyais autour de moi, dans le couloir à l'intérieur de la carlingue, des gens chevaucher dans les nuages ; je n'entendais que cris, pleurs et gémissements. Je me souviens seulement que, pendant des heures et des heures, je ressentis un froid horrible, glacé, qui me transperçait des pieds à la tête.

Ce n'est qu'hier à midi que j'ai vraiment réalisé ce qui s'était passé. J'ai subi une commotion cérébrale et sombré dans l'inconscience jusqu'à hier matin. Ma figure était couverte de coupures, dues certainement aux éclats de verre du hublot qui se trouvait à ma droite, ma tête était pleine de bosses qui me faisaient cruellement souffrir. Mais le danger est passé — c'est ce que, du moins, je crois — et je puis dire que je suis miraculeusement indemne.

Ma mère est morte dans l'accident. Sur le coup, m'at-on dit. Je n'ai même pas eu la consolation de l'enterrer dans la neige. Grâce à Dieu, María est en vie, bien que souffrant de fractures multiples.

Ce que je vais raconter à présent, je l'ai appris de la bouche de María et de mon ami Gerardo Teramond, membre également de l'équipe de rugby, puisque je ne me souviens de rien après l'accident.

— J'ai dû rester au moins trois minutes sur mon siège, sans pouvoir remuer un muscle, paralysé de frayeur, me raconte Gerardo qui me tient en ce moment compagnie. A vrai dire, je ne sais pas si, les premiers moments, je suis resté étourdi ou inconscient. Je me souviens, en revanche, d'une horrible confusion, de gémissements et de pleurs, de crissements de boîtes et de ferraille s'entrechoquant. Le tout avec la vision dantesque de sièges volant au-dessus de ma tête, d'hommes et de femmes projetés sur le sol. Et des cris affreux, entrecoupés de prières... Puis, un silence. Oui, un silence de mort, quelques secondes après que l'avion, freinant dans la neige, se fut immobilisé. Et, à nouveau, des cris déchirants de douleur et d'épouvante, à vous crisper les nerfs. Lorsque, m'étant un peu ressaisi, je me suis levé de mon siège après avoir détaché ma ceinture de sécurité, mon premier geste a été de me toucher, de me palper tout le corps, sans pouvoir croire que j'étais vivant. J'ai palpé mes mains, mon visage, mes jambes et mes bras encore et encore, sans en croire mes yeux. Je commençais tout juste à me ressaisir lorsque j'ai entendu María murmurer, à mes côtés, d'une voix défaillante : « Maman, comment es-tu ? Es-tu vivante, ma petite ma… ? » Je me suis tourné vers elle et j'ai vu qu'elle avait roulé à terre et étreignait Margarita, qui semblait inconsciente. Je me suis approché comme j'ai pu et les ai installées sur un siège, en tentant de calmer María qui sanglotait, inconsolable.

— « Maman, tu es bien ? Tu n'as rien, maman ? », c'était tout ce que j'arrivais à lui dire, en la serrant, impuissante, dans mes bras, ajoute María, qui est aussi près de moi, retenant ses larmes. Maman avait tout le corps meurtri et agonisait. Gerardo a appliqué l'oreille pour ausculter son cœur. Elle respirait encore, bien que faiblement. Mais elle est morte deux minutes plus tard.

Teramond a poursuivi :

— Nous étions encore sous le choc lorsque nous avons entendu quelqu'un hurler : « Dehors, dehors, l'avion va exploser ! » Je ne sais ce qui a pris à cette personne de crier comme cela, car ses paroles ont provoqué une panique indescriptible. Ni María ni moi ne savions qui c'était mais, à en juger par la voix, il s'agissait d'un homme. Les passagers sains et saufs cherchaient à gagner la porte, enjambant les morts et les blessés qui obstruaient le passage. On entendait les exclamations et les appels des uns et des autres qui se frayaient un passage pour sortir. « Du calme, du calme, restez calmes, je vous en prie ! » suppliaient certains. Heureusement, une voix dominant les autres, qui semblait venir de la cabine de pilotage, a réussi à dissiper en partie la panique du premier moment. « Il n'y a pas de danger ! Il n'y a pas de danger ! L'avion ne va pas exploser ! » criait-elle nerveusement, en tentant de se faire entendre pour faire régner un peu de calme dans ce terrible chaos. Sans doute était-ce l'un des mécaniciens, celui qui a survécu ; en effet, je l'ai appris plus tard, deux seulement des cinq membres de l'équipage n'ont pas péri dans l'accident même. Il avait beau crier, on ne s'entendait pas dans ce vacarme.

« Quoi qu'il en soit et sans perdre une minute, a poursuivi Gerardo, j'ai pris María dans mes bras, à grand-peine, et je suis parvenu à me frayer un passage jusqu'à la porte extérieure. Tout cela, bien entendu, au milieu d'un amoncellement de corps dans le couloir, de sièges renversés et de barreaux brisés. Quelques passagers avaient réussi à sortir par la porte de secours ou par une énorme brèche qui s'était ouverte à l'arrière, lorsque la queue s'était détachée. Impossible d'ouvrir la porte principale, qui était hermétiquement fermée. Hommes et femmes se bousculaient pour gagner l'extérieur, et il leur fallait sauter dans la neige, de pas très haut heureusement, un mètre au maximum. La neige était molle et, d'ailleurs, personne ne se posait de questions. Dehors, le froid était glacial, tous claquaient des dents. Pour comble de malchance, il neigeait, pas très fort, mais comme nous étions vêtus légèrement, le froid nous transperçait jusqu'aux os.

« Je restai un moment dehors auprès de María, a continué Gerardo, puis, voyant qu'elle pouvait tenir sur ses jambes, j'ai décidé de retourner dans l'avion pour porter secours aux autres. Je l'ai confiée à Oscar Echebarne et Vicente Leonardi, rescapés eux aussi. Quelques passagers allaient et venaient dans le couloir, par-dessus leurs compagnons, dans un état d'inconscience totale. Comme, par exemple, Gabriel Madariaga, qui souffre toujours d'une commotion cérébrale ; son état est grave, pire que le tien, car toi au moins tu as repris toute ta connaissance. J'ai vu au moins six hommes gisant morts, obstruant le passage, d'autres toujours sur leur siège, la tête pendante, éclaboussés de sang. On entendait partout des appels au secours, des blessés, suppliant qu'on les aide à sortir. Beaucoup d'entre eux étaient atrocement coincés par les barres de fer de leurs sièges.

« Soudain, j'ai vu un spectacle qui m'a fait défaillir : un jeune garçon, grand et mince, avançait péniblement, une tige de fer enfoncée dans l'estomac. Son pantalon était trempé de sang. Le malheureux gémissait de douleur et tenait à grand-peine sur ses jambes. "Par pitié, frère, enlève-moi ça !", suppliait-il dans un filet de voix. Je n'ai pas eu le courage d'accéder à sa demande ; mais, juste à ce moment, quelqu'un s'est approché — Pablo Rey, je crois — et, d'un geste sec, il a tiré et arraché cette espèce de lance sur laquelle il était embroché. Mais avec la tige, il a sorti un morceau d'intestin, qui pendait du ventre. Le blessé a poussé un cri perçant et est tombé sur le sol, en se tordant de douleur, les deux mains pressées contre son ventre. Nous avons voulu l'aider, mais il répétait avec insistance qu'il ne pouvait pas bouger. Je lui ai dit alors : "Tu es courageux, alors reste comme ça pour le moment, il y en a d'autres qui sont bien plus amochés que toi. Bande bien ton ventre avec un morceau de chemise." Après quoi, j'ai décidé de secourir d'autres passagers, gisant sur le sol, certains gravement blessés et d'autres qui revenaient à eux. C'est alors que j'ai aperçu un homme amputé d'une jambe, qui saignait abondamment. Sa jambe gauche ne tenait plus au corps que par quelques ligaments. A deux, nous avons réussi péniblement à l'extirper de l'endroit où il était coincé et l'avons installé plus commodément sur un siège. Je n'oublierai jamais la tristesse de son regard. Je ne sais pas ce qu'il est devenu, mais je crains qu'il ne soit mort, car je ne l'ai plus revu.

« Nous opérions dans un silence presque total. Quelqu'un s'est brusquement rappelé l'équipage et quelques passagers ont couru vers le cockpit. Impossible malheureusement d'y accéder, il était bloqué par les valises et les sièges amoncelés devant la porte. Ce que voyant et entendant des gémissements qui provenaient de l'intérieur, un passager a décidé d'atteindre par l'extérieur la cabine de pilotage. Mais la neige était très molle et on s'enfonçait jusqu'aux genoux. Alors il a eu l'idée de se servir des coussins et des sièges pour se hisser jusqu'à l'avant de l'appareil. Il a pu alors grimper sur un côté de l'espace réservé à l'équipage et de là regarder à l'intérieur de la cabine. Le commandant, le colonel Domingo Sanfuentes, était mort. Les instruments de bord étaient enfoncés dans sa poitrine, d'où coulait un filet de sang. Le copilote était coincé par les barres d'acier de son siège. Il poussait des gémissements déchirants. Mais nous avons eu beau tout faire, à plusieurs, pour tenter de le sortir de là, tout, tout a été vain. Il nous aurait fallu une scie ou un chalumeau, pour découper la ferraille.

J'ai questionné María et Gerardo, ainsi que d'autres passagers, sur ce qui m'était arrivé. Voici le récit de María :

— Je ne sais pas, Luis, qui t'a emporté et abandonné dans la neige, en te croyant mort. Mais quand nous t'avons vu, tu étais sous un siège. Tu avais la tête et le visage couverts de sang et les garçons et moi-même, nous t'avons cru mort. Tous les passagers qui avaient péri sous le choc ont été sortis de l'avion et entassés dans la neige.

Je songeai alors à la chance que j'avais eue de réagir et de pouvoir revenir à temps à l'intérieur de la carlingue, sinon je serais mort gelé, à côté des autres cadavres.

Ce que je ne m'explique pas, c'est comment je n'ai pas péri de froid cette première nuit passée à l'intérieur de l'avion. Les passagers indemnes avaient pris les meilleures places; quant à moi, on peut dire que j'ai dormi quasiment exposé aux intempéries car des rafales de vent glacial, mortel, s'engouffraient par la brèche ouverte du côté de la queue de l'avion.

Dans une semi-inconscience, j'entendais comme en

rêve les gémissements lancinants du copilote, durant des heures et des heures. Il était pris dans un piège fatal et on ne pouvait rien faire pour l'en sortir. Les membres survivants de l'équipe de rugby, Patiño, Grimaldi et Rey, qui sont étudiants en médecine, ne pouvaient même pas lui venir en aide, car il était à l'agonie et on ne pouvait plus rien pour lui.

Il voulait en finir à tout prix et ne cessait, au milieu de ses gémissements, de réclamer son revolver, rangé dans son sac à l'intérieur de la cabine. Aucun passager, bien entendu, ne consentit à accéder à sa demande et, d'ailleurs, même si quelqu'un, pris de compassion, l'avait voulu, comment aurait-il pu le faire ? L'obscurité était si grande qu'on ne distinguait même pas ses propres mains. Il faisait noir à l'intérieur du fuselage et nous avancions à tâtons, comme dans la galerie sans lumière d'une mine de charbon.

Comme je l'appris du mécanicien Ricardo López, seul survivant de l'équipage, le copilote s'appelait Rogelio del Río, et il avait le grade de capitaine de l'armée de l'air.

Tandis que nous tentions de trouver le sommeil à l'abri du fuselage, entassés comme des animaux, nous l'entendîmes délirer toute la nuit et répéter comme un automate :

— Nous avons passé Curicó... Nous avons passé Curicó... Nous avons passé Curicó...

Il mourut le lendemain matin.

Malgré tout, je pensais que le pire était derrière nous. Cette première nuit fut véritablement horrible. Nous l'avions passée dans une demi-somnolence, entendant les gémissements lancinants et les cris d'agonie des nombreux blessés, frissonnant de peur et complètement gelés. Nous avions échappé à la mort au moment du choc, mais nul ne savait si le matin on ne le trouverait pas congelé. Nous dormions tassés les uns contre les autres, la main dans la main, réchauffés un peu par la chaleur de notre respiration. Je dormis ainsi avec María, les autres firent de même de leur côté. Le malheureux Esteban Medina, hélas, mourut de froid. Il avait voulu protéger María! Elle claquait des dents et Esteban, noblement, se plaça de façon à la couvrir de son corps, mais il ne résista pas et le lendemain matin il était mort gelé.

Cette nuit-là, nous avons récité le rosaire et demandé à Dieu de nous accorder la foi. Je pense que jamais aucun d'entre nous, croyant ou incroyant, n'avait prié avec tant de ferveur. Recroquevillés les uns contre les autres, nous nous réchauffions et nous donnions du courage, tout en sachant bien que personne ne croyait à ce qu'il disait. Et, pendant ce temps, dehors, la neige tombait et l'on entendait le hurlement du vent sur les pics.

Les meilleures places avaient été affectées aux blessés qui avaient des chances de s'en sortir, ceux qui semblaient perdus avaient été placés devant l'entrée, aussi, quand je me suis réveillé hier matin, j'avais les membres quasiment paralysés de froid. Nous n'avions pas de couvertures pour nous protéger les jambes, c'est seulement aujourd'hui que nous avons commencé à nous en confectionner avec la garniture des sièges. Nous avons dû faire appel à toutes les ressources de notre imagination pour affronter la situation. Certains vont jusqu'à caler leurs pieds dans le cou d'autres passagers pour les empêcher de geler. Comme, par exemple, Santiago Cherro avec son ami Carlos del Vecchia.

En se levant hier matin, les jeunes ont entrepris de colmater la brèche de l'arrière, ainsi que diverses ouvertures par lesquelles l'air s'engouffrait. J'ai dénombré les hublots de l'avion, c'est-à-dire de la partie qui nous sert à présent d'abri et qui doit mesurer environ sept mètres de large, depuis la cabine de pilotage jusqu'à l'arrière, tronqué. J'ai compté six hublots sur le côté gauche et cinq à droite. Plusieurs vitres ont volé en éclats et le vent s'infiltre par là. Ce sont surtout les étudiants en architecture et ingénierie qui se sont chargés de cette tâche, et j'ai décidé d'y collaborer. Nous avons colmaté la brèche arrière avec le revêtement des parois de l'avion, en ne gardant comme sortie que la porte de secours. Le plus ingénieux est Carlito del Vecchia, l'un des plus jeunes passagers de l'avion — il a 19 ans — ; il n'est pas joueur de rugby mais faisait le voyage pour accompagner l'équipe. Nous l'avons nommé « colmateur officiel ». C'est lui qui nous dirige dans cette importante tâche consistant à boucher toute fente ou fenêtre susceptible de laisser passer l'air glacé. Carlos a si bien pris son rôle au sérieux qu'il a tout bouché, si bien que nous avons manqué périr asphyxiés cette nuit par manque d'oxygène. A trois heures du matin, nous avons dû l'aider à déboucher quelques ouvertures, sinon c'était la mort par asphyxie.

Nous avons compris dès le premier instant qu'il était vital pour nous de veiller à notre santé : si haut, un rhume ou une bronchite peuvent dégénérer rapidement en pneumonie, avec des conséquences fatales. Nous avons donc décidé d'enlever de l'intérieur toute cette neige qui contribue à augmenter le froid dans la carlingue.

Pendant ce temps, d'autres garçons ont entrepris dès l'aube de soigner les blessés, sous la direction des étudiants en médecine. Ils ont nettoyé les blessures avec la neige et ont confectionné des bandages et des tourniquets avec des lambeaux de vêtements. On avait trouvé dans le Fairchild quelques médicaments et instruments sanitaires, avec lesquels on a soigné comme on a pu ceux qui nécessitaient des soins. De véritables opérations chirurgicales ont même été pratiquées avec les instruments rudimentaires trouvés dans l'avion. Eugenio Grimaldi, par exemple, a opéré le blessé dont l'intestin était sorti. Il l'a nettoyé, l'a soigné du mieux qu'il a pu, avec les moyens du bord, puis a remis l'intestin en place. Il guérira peut-être, mais j'en doute étant donné la gravité de son état. Cependant, Eugenio a beaucoup d'espoir dans sa guérison, compte tenu de son excellente constitution physique.

Comme je l'ai constaté ce matin, les survivants qui, au moment de l'accident, étaient au nombre de trente-deux, ne sont plus à présent que vingt-sept. Cinq d'entre eux, atteints de blessures particulièrement graves ou, comme moi, de commotion cérébrale, n'ont pas résisté à la première nuit, ou sont morts de froid, comme Esteban Medina.

Nous avons enterré toutes les victimes. Dans la neige, à une certaine distance de l'avion. Le pilote et le copilote sont restés assis sur leurs sièges, avec les instruments de bord enfoncés dans la poitrine. Comme je l'ai expliqué, nous avons été impuissants à les retirer de là. Nous avons recouvert leurs cadavres sous un monceau de journaux.

LUNDI 16 OCTOBRE

Dans la cabine de pilotage, nous avons trouvé la liste complète des passagers qui faisaient le voyage de Santiago. Grâce à quoi, nous avons pu nous identifier et connaître les noms des victimes et des disparus.

Voici la liste complète. Les X indiquent les survivants.

Membres d'équipage :

Commandant : colonel Domingo Sanfuentes
Copilote : capitaine Rogelio del Rio
Navigateur : Edgardo Artime
X Mécanicien : Ricardo López
Mécanicien : Gustavo Bruce

Passagers :

X Alberto Riveros   Alexis Randt
X Carlos del Vecchia   X Roy Murphy
Octavio Carcía   Esteban Medina
X Pablo Rey   X Eugenio Grimaldi

X Gerardo Teramond
X Armando Parodi
X Felipe Rivera
X Isabel T. de Rivera
X Andrés Patiño
Margarita de Paredes
X María Paredes
X Luis Paredes
X Ernesto Gómez
Marcelo Perry
Julio Martinic
X Joaquín Stern
X Mario Stern
X Belisario Marchesi
X Vicente Leonardi
Francisco Nicolet

Esther H. de Nicolet
X Santiago Cherro
X Felipe Oliveira
Enrique Platoni
X Oscar Echebarne
Obdulia A. de Marini
X Horacio Montero
Daniel Shell
X Jorge Cerruti
X Patricio Medina
José Aranda
X Martín Lamas
Carlos Villanueva
X Gabriel Madariaga
Felipe Marroquin
X Daniel Meraso

MARDI 17 OCTOBRE

Aujourd'hui nous avons tenu une grande réunion pour analyser les causes éventuelles de l'accident. Bien entendu, dans la mesure de nos faibles connaissances en aéronautique, très rudimentaires.

Si l'on s'en tient aux données qui ont pu être rassemblées, il y a, toutefois, un certain nombre de faits concrets sur lesquels nous sommes quasiment tous d'accord. De l'avis unanime, le pilote a commis une erreur fatale concernant la route. Et pourtant, nous garantit le mécanicien Ricardo López, le colonel Sanfuentes possédait une très grande expérience de la traversée des Andes. Il l'avait déjà effectuée vingt-neuf fois et totalisait près de 7 000 heures de vol. Selon le mécanicien, le couloir aérien qui relie Mendoza à Santiago passe par les cols du Cristo Redentor et du Planchón ;

mais, compte tenu des mauvaises conditions météo, le colonel a préféré dévier vers le sud jusqu'à Curicó et de là mettre le cap sur Santiago. Ce qui, par ailleurs, a affirmé López, signifiait rallonger le trajet de 560 kilomètres.

— C'est justement par mesure de précaution, à cause du mauvais temps, que le colonel a pris cette décision.

Malgré tout, nous avons idée que la principale cause de l'accident a été une erreur de pilotage, lorsque le pilote a viré pour s'enfoncer en pleine Cordillère au lieu de le faire pour en sortir. Après ce virage, le Fairchild a été surpris par les courants descendants que nous, les néophytes, appelons des trous d'air, et il est passé brusquement de 6 000 mètres d'altitude à environ 4 500 mètres, grosso modo l'altitude à laquelle nous nous trouvons maintenant.

Le colonel a tenté désespérément de reprendre de l'altitude, mais en vain car, à cet instant, une aile de l'avion a heurté le pic montagneux. Pour certains, la responsabilité de l'accident reviendrait en partie à la tour de contrôle de Los Cerrillos. C'est elle qui a donné l'ordre au commandant d'amorcer la descente en pensant, semble-t-il, que nous étions déjà à proximité de la capitale, alors que nous finissions tout juste la traversée des Andes. Comment une erreur aussi grave a-t-elle pu se produire ? Notre opinion se fonde sur les dires du mécanicien. Il affirme que le colonel Sanfuentes a informé la tour de contrôle à 14 heures et 2 minutes qu'il se trouvait au-dessus de Curicó et a reçu l'ordre d'effectuer un virage à 90 degrés et d'amorcer la descente, puis de reprendre contact à l'approche d'Angostura.

Selon Felipe Oliveira, le pilote a dû croire que nous étions sur le point d'arriver, sinon comment expliquer ce qui s'est passé ?

— Oui, c'est ça, le pilote pensait que nous étions près de Santiago, affirme Daniel Meraso.

Ernesto Gómez objecte :

— Bon, d'accord, mais alors comment expliques-tu qu'il ait pu le croire alors que nous avons tous entendu le copilote répéter comme une litanie avant de mourir : « Nous avons passé Curicó, nous avons passé Curicó… » ? C'est donc qu'ils savaient que ce n'était pas encore l'arrivée.

— D'accord, mais s'il a demandé la piste pour atterrir, c'est qu'il croyait qu'on arrivait à Santiago, insiste Oliveira. La preuve, c'est que l'aiguille de l'altimètre, comme nous venons de le vérifier, marquait 2 900 mètres au moment de l'accident. Cela prouve que le Chili est tout près, vers l'ouest, bien entendu. Qu'en dites-vous ?

Nous étions quasiment tous d'accord avec lui, sans rien comprendre aux dernières paroles du copilote, un vrai casse-tête. Une évidence, cependant : l'erreur est venue de là. Que l'avion ait demandé la piste, aucun doute là-dessus, plusieurs garçons l'ont entendu. L'un d'eux affirme l'avoir entendu au moment où il était entré dans la cabine, quelques secondes seulement avant que l'avion ne soit pris dans les courants d'air.

Nous avons fini par abandonner la discussion, qui ne contribuait guère à adoucir notre situation présente.

MERCREDI 18 OCTOBRE

Où sommes-nous ? A quel endroit du Chili l'avion est-il tombé ? Telle est la question que nous nous posons, nous qui avons survécu.

Sur ce point, d'une extrême importance pour pouvoir nous orienter, les avis sont partagés. Selon les uns, on peut supposer, sans risque de se tromper, que nous nous trouvons à proximité de San Fernando, une ville située tout à côté de Curicó, comme on peut le voir sur notre carte. Nous nous basons sur deux faits pour l'affirmer. Le premier est que, selon les informations communiquées par le petit transistor trouvé dans l'avion, le Service de secours aérien a signalé comme lieu possible de l'accident un carré de vingt milles sur vingt, situé face à San Fernando, entre le volcan Tinguirica et les hauteurs de Sosneado et de Palomo. Si le Service de secours est de cet avis, c'est qu'il a de bonnes raisons. Le second fait, ce sont les paroles du copilote répétant sans cesse : « Nous avons passé Curicó. » Ce qui donne à penser, telle est du moins mon opinion, dont j'ai fait part aux autres, que nous devons nous trouver « passé Curicó » ; le contraire est impossible si l'on ajoute foi aux paroles du copilote agonisant. San Fernando est justement plus près de Santiago, ce qui confirmerait ses paroles.

D'autres s'obstinent à penser que nous sommes dans la zone de Curicó. Ceux qui s'accrochent à cette hypothèse assurent que, tout de suite après le choc, quand nous sommes sortis de l'avion, ils ont aperçu un homme — l'un des mécaniciens, croient-ils — qui courait comme un fou dans la neige en hurlant :

— Nous sommes à Curicó, nous sommes à Curicó!

L'homme, qui avait complètement perdu la tête, agitait les bras, sans cesser de crier. Personne ne tenta de l'arrêter, et il disparut, englouti par la montagne. Ce fait, s'ajoutant aux paroles du copilote moribond qui répétait dans son délire : « Nous avons passé Curicó », conforte un grand nombre d'entre nous dans la certitude que nous nous trouvons tout près de cette ville : selon eux, en effet, le Fairchild a viré sur Curicó mais n'aurait pas réussi à sortir de la zone, le choc s'étant produit tout de suite après. Certains pensent que cette phrase du capitaine Del Río constitue une erreur de sa part, que c'est simplement ce qu'il croyait.

Ils sont deux à penser que nous sommes peut-être tombés dans la Cordillère argentine, mais cela nous paraît impossible. J'ai, pour ma part, du mal à le croire, puisqu'on n'était pas à plus de quinze minutes de Santiago. Ce point est indiscutable. Comme il est également incontestable que, quelle que soit l'erreur du copilote, il n'aurait pu se tromper à ce point.

San Fernando ou Curicó. Toute la question est là. Ou entre les deux villes.

De toute façon, et comme nous sommes à proximité de l'une de ces deux villes indiquées sur la carte, il est un point qui fait quasiment l'unanimité, nous devons être dans les contreforts de la Cordillère, d'après les calculs que nous avons faits à l'aide de la carte de navigation de l'avion. Et donc, dans la pire des hypothèses, nous pourrions risquer une expédition. Si nous sommes dans la précordillère, il nous faudrait deux à trois jours maximum pour arriver à une agglomération et demander de l'aide. Cela dans le cas, bien entendu, où les avions ne nous auraient pas repérés et où nous serions contraints de partir faute de nourriture. C'est, en effet, notre grande préoccupation. Il nous reste encore des vivres, mais pour combien de temps ? Que faire si les avions ou les équipes de sauvetage tardent à arriver ? Toute décision dramatique comme celle de nous lancer dans une véritable aventure à la recherche de secours implique que nous partions bien pourvus en provisions. Sinon, c'est aller droit à la catastrophe, car nous finirions par mourir de froid et de faim.

Il en est parmi nous qui soutiennent que nous sommes tombés en pleine cordillère des Andes et que ce serait la seule raison qui expliquerait qu'on ne soit toujours pas venu à notre recherche.

— Nous devons être très haut, disent-ils, sinon nous aurions été retrouvés au moins par une équipe au sol. Si aucune n'est parvenue jusqu'à nous, c'est en raison de la nature accidentée du terrain. Une seule explication : nous sommes au cœur de la Cordillère.

Pour ma part, je ne partage pas ce pessimisme et je leur rappelle les deux avions que nous avons aperçus samedi et dimanche. J'insiste :

— S'ils ne sont pas revenus, c'est qu'ils sont désorientés. Probablement sont-ils en train de nous chercher ailleurs, au mieux plus loin, beaucoup plus haut que là où nous sommes.

Mais, malgré mes belles paroles, je dois avouer que le pessimisme me gagne. Mon Dieu, comment avoir une idée du lieu exact où nous sommes !

JEUDI 19 OCTOBRE

Pourquoi ne nous ont-ils toujours pas repérés ?

Nous écoutons dans notre petit transistor les émissions chiliennes depuis Santiago, parlant de l'« avion uruguayen qui s'est perdu dans les Andes ». Nous sommes fous de joie lorsque nous parvenons à les capter et même si nous ne saisissons pas tout, nous nous précipitons tous pour les écouter : nous espérons toujours entendre à la radio la grande nouvelle que nous avons été localisés et qu'on vient à notre secours. Comme cela serait merveilleux ! Dès qu'un passager clame : « Les informations ! », nous nous précipitons et écoutons, anxieux, l'oreille collée au récepteur, le cœur battant.

Ce matin, une radio de Santiago a donné la liste complète des disparus, celle-là même qui est en notre possession. Nous éprouvons une profonde émotion à entendre notre nom, certains pleurent en apprenant que parents et famille se trouvent au Chili, collaborant avec les équipes de secours.

Carlos del Vecchia a pleuré amèrement en entendant le speaker annoncer :

— Le célèbre musicien uruguayen Carlos del Vecchia, très apprécié des milieux artistiques de son pays, est de ceux qui participent aux patrouilles aériennes qui, matin et soir, décollent de Los Cerrillos et Pudahuel. Il est le père de l'un des jeunes gens qui auraient péri dans la catastrophe. Malgré les jours qui passent, le musicien, profondément affligé, conserve une foi inébranlable et n'a pas perdu l'espoir de retrouver les débris de l'avion accidenté.

Et voilà, ils nous considèrent comme morts! Ils parlent déjà des « jeunes gens qui ont péri dans la Cordillère ». Ils ne peuvent imaginer que beaucoup d'entre nous sont sains et saufs et que nous les attendons!

Oscar Echebarne serrait dans ses bras Carlitos et tentait de le consoler, tandis que celui-ci, d'une voix entrecoupée de sanglots, la tête enfouie contre la poitrine de son ami, répétait :

— Cher vieux père, comme tu dois souffrir!

— La ferme, tu vas nous faire pleurer! lui a dit Oscar.

Le temps, heureusement, s'est amélioré ces jours-ci, ce qui est très important pour que les patrouilles puissent nous repérer d'en haut. Aujourd'hui le soleil brille et la température est agréable. Il doit faire vingt degrés environ. Nous nous sentons revigorés car nous avons moins froid mais surtout, si nous nous exposons au soleil, nous ressentons moins la faim.

A ce propos, personne ne l'avoue ouvertement, mais c'est une question qui commence à nous préoccuper sérieusement : comment subsister les prochains jours sans secours? Les réserves s'épuisent, chacun en est bien conscient, et la ration de sucreries, biscuits, chocolats, conserves, bonbons et fromage que nous nous sommes imposée héroïquement, est proche de zéro. Tous les matins, nous voyons diminuer la part qui revient équitablement à chacun dans la distribution des vivres. Aujourd'hui, il nous faut rationner davantage encore la nourriture en prévision des jours prochains.

Carlos del Vecchia est le « boulanger » du groupe, comme on l'a surnommé par boutade. C'est lui qui a la mission, comme Jésus devant les apôtres, d'opérer le miracle de la distribution des pains. A cette différence près qu'ici le pain brille par son absence. Le malheureux Carlos fait son possible, avec le peu qui reste. Il arrive parfois à ce barbare de vouloir rogner notre ration quotidienne, et si quelqu'un réclame, il répond :

— Et alors, tu te crois au « Bungalow » ?

Notre avion, malheureusement, était un appareil militaire. Il n'était donc pas tenu, comme les avions de ligne, d'avoir des réserves de nourriture. Ainsi, tous les aliments que nous avons pu rassembler étaient en grande partie les provisions des passagers. Ce n'est pas la mission d'un avion militaire que de transporter des vivres pour ses passagers. Comme tout aurait été différent si ç'avait été un avion cargo, un Bœing, de ceux qui effectuent des vols vers l'Europe ! Le grand luxe, c'est le soir, quand nous avons droit à une ration du vin des pilotes, qui avaient acheté quelques bouteilles à Mendoza. Chacun à son tour boit dans un capuchon de plastique que nous avons prélevé sur un flacon de désodorisant.

Nous avons, à nous tous, confectionné une énorme croix dans la neige avec les valises et les sacs des passagers, plus quelques éléments de l'avion détruit. Cette croix, qui mesure au moins dix mètres de long sur huit de large, est tracée à une certaine distance de la carlingue. Ainsi, nous semble-t-il, il sera plus facile de la voir d'en haut.

Il est étonnant que nous n'ayons pas encore été repérés. Ces deux avions qui ont passé il y a quelques jours ne nous auraient-ils pas vus ? Ils ne nous ont pas vus, cela ne fait aucun doute ; si nous avions été localisés, ils seraient déjà venus à notre secours. Ils avaient plus que le temps. Ou alors, peut-être que, ayant repéré l'endroit où l'avion est tombé, il leur a fallu envoyer des équipes terrestres, qui mettent du temps à arriver. Peut-être aussi que les hélicoptères ne peuvent parvenir jusqu'ici à cause de la nature accidentée du terrain, qu'ils jugent trop dangereux pour risquer un sauvetage aérien. Mais s'il en était ainsi, du moins les radios auraient annoncé que des équipes terrestres se dirigeaient vers nous. Or rien, pas un mot là-dessus.

Ce que l'on peut, cependant, conclure des bulletins d'informations, c'est que les patrouilles ratissent la zone, ce qui signifie qu'elles sont dans la bonne direction. Pas plus tard qu'hier, il a été dit au cours d'une émission que « l'avion doit se trouver dans la zone comprise entre Curicó et San Fernando, plus ou moins à la hauteur du col du Planchón ». Qu'est-ce que ce col et où peut-il bien se trouver ? S'agirait-il par hasard de l'une des nombreuses hauteurs qui nous entourent dans la chaîne de montagnes que l'on voit d'ici ? Le mécanicien a mentionné ce nom en indiquant que la route officielle de Mendoza à Santiago traversait les cols du Cristo Redentor et du Planchón ; je me souviens, cependant, que le colonel Sanfuentes a signalé que les mauvaises conditions météo l'avaient contraint à changer son plan de vol et que la nouvelle route supposait un détour jusqu'à Curicó. Est-ce pour cela que le Service de secours aérien mentionne le Planchón ? Ou uniquement parce qu'il pense que le Fairchild a suivi la route habituelle ? Je ne le pense pas, car le dernier message du pilote annonçait que nous survolions Curicó. La tour de contrôle était donc informée du changement de cap. C'est pourquoi il me vient à l'esprit que le col du Planchón mentionné par la radio pourrait bien être l'endroit où nous sommes. Nous l'avons cherché sur notre carte mais, malheureusement, il n'y figure pas. De toute façon, d'après nos déductions et les informations de la radio, une chose est sûre : nous nous trouvons dans une haute vallée d'une chaîne de montagnes, située dans cette zone.

— Le seul élément concret, c'est que nous sommes pris au piège de cette gigantesque montagne, impossible à escalader, affirme Pablo Rey, en désignant du doigt l'énorme masse enneigée qui se dresse derrière nous, à quelque 4 500 mètres d'altitude. Le Chili est à l'ouest, derrière cette montagne, et il n'y a pas d'autre moyen d'y parvenir qu'en passant de l'autre côté. Mais, comment ? Évidemment, si l'on quitte cette vallée en mettant le cap à l'est, c'est beaucoup plus facile. La route descend mais nous courons le risque de nous enfoncer dans la Cordillère et de périr tous.

— D'accord, d'accord. Seulement, en traversant cette montagne vers l'ouest, nous pouvons nous en sortir.

C'est l'avis de la majorité. Et Parodi d'ajouter :

— Peut-être que, derrière cette montagne, nous apercevrons un village et les plaines du Chili.

Inlassablement, nous nous posons cette question : pourquoi l'avion qui est passé le second jour à une altitude relativement basse ne nous a-t-il pas localisés ? Je veux parler du deuxième avion, celui qui a dessiné une croix dans le ciel. Nous lui avons fait toutes sortes de signaux avec des vitres brisées et des fragments d'aluminium extraits de débris de la carlingue. Le soleil brillait et la réverbération était forte lorsque le turbopropulseur est passé. Pourquoi le pilote ne nous a-t-il pas repérés ?

Nous en avons beaucoup discuté, mes camarades et moi, et nous sommes parvenus à la conclusion que cela était dû à la couleur de l'avion. Comme il est blanc, il se confond avec la neige et on ne le distingue pas d'en haut. C'est du moins comme cela que je le vois. L'endroit où nous sommes n'est qu'un gigantesque drap blanc, on ne voit alentour aucune bande de terre, aucune tache sombre. La zone tout entière est enfermée, sur les quatre côtés, par des montagnes gigantesques ; on aperçoit seulement au loin un lac qui, l'été, doit certainement dégeler. C'est pourquoi rien, absolument rien, ne peut offrir un contraste avec la blancheur immaculée de ce paysage inhospitalier. Et, pour comble de malchance, l'avion est à moitié dissimulé sous la neige, et il doit être passablement difficile de le repérer d'en haut.

Pourquoi les compagnies aériennes qui assurent la traversée des Andes ne peignent-elles pas leurs appareils en rouge ou en orange, en prévision d'éventuelles catastrophes ? Comment un avion peut-il rester ainsi abandonné une semaine dans la Cordillère sans être repéré à cause de ce détail, alors qu'un groupe d'hommes et de femmes luttent pour leur survie? Cela paraît incroyable, mais nous allons peut-être mourir à cause de cette négligence...

Mon Dieu, comme l'existence humaine a peu de valeur aux yeux de certaines personnes quand il ne s'agit pas de la leur! Ah! pouvoir dire aux messieurs qui ont conçu ces oiseaux métalliques que si on ne nous retrouve pas, ce seront eux les responsables de notre mort! Et tout cela, à cause de leur manque total d'imagination!

Combien d'avions tombés avant nous dans ces solitudes immaculées ont connu notre sort et pour des raisons identiques? Ne serait-ce que pour le dire aux compagnies d'aviation et éviter ainsi à d'autres de connaître la même catastrophe que nous, cela vaudrait la peine qu'on nous repère. Pourquoi donc prend-on toujours les mesures après coup? Pourquoi faut-il toujours qu'il y ait des victimes pour que l'homme tire à leurs dépens une quelconque expérience?

Il serait utile, je pense, d'établir une norme internationale obligeant à peindre de couleurs vives, notamment en rouge ou en orange, tous les avions, civils ou militaires, de façon à les rendre plus repérables en cas d'accident.

Peut-être que ces normes existent et que je ne les connais pas. Mais, dans l'impuissance et le désespoir dans lesquels je suis plongé, il me faut à tout prix trouver un responsable à cette tragédie.

Selon le mécanicien, il existe un seul instrument qui permette la localisation d'un avion, la balise de détresse. Il s'agit d'un équipement radio spécial qui, au moindre choc subi par l'appareil, se détache automatiquement et commence à émettre des signaux.

Un pistolet ou un fusil automatique pour les appels de détresse nous auraient été particulièrement utiles, par exemple lorsque ces deux avions sont passés ou au cas où il en passerait d'autres les prochains jours. Nous avons parlé aussi dans nos discussions des feux de Bengale que l'on peut tirer la nuit ou des fusils qui projettent des nuages de poudre pour teindre la neige.

Mais à quoi sert d'y penser puisque nous n'en avons pas ?

VENDREDI 20 OCTOBRE

Où donc est passé Edgardo Artime, le navigateur de l'équipage, qui figure sur la liste des passagers ? Il fait partie des nombreux disparus, de ceux que personne n'a revus depuis le moment de l'accident. Le mécanicien Ricardo López n'en sait pas davantage. Il se trouvait, semble-t-il, à l'arrière de l'avion et il a été probablement éjecté très loin, comme les malheureux qui se trouvaient dans cette partie de l'appareil.

Il a dû mourir avec eux, d'après ce que m'a raconté Alberto Riveros, miraculeusement sauvé, justement grâce au navigateur qui a péri à sa place. Alberto était assis au fond et Edgardo Artime lui a demandé s'il voulait bien changer de place. Il est allé occuper un siège au milieu de l'avion et c'est ainsi que le navigateur a disparu avec tous les passagers de l'arrière. Que sont devenues ces malheureuses victimes ? Ont-elles péri à l'intérieur de la queue de l'avion, ou ont-elles été éjectées très loin au moment où l'appareil a été coupé en deux sous l'effroyable choc ?

Ce matin, à six heures et demie, un groupe de jeunes est parti à la recherche de la queue de l'avion. Leur intention est d'escalader la montagne, là où l'appareil a dévalé la pente. Ce sont Jorge Cerruti, Mario Stern, Eugenio Grimaldi et Carlos del Vecchia. Ils espèrent trouver également les batteries du Fairchild, au cas où elles pourraient servir à lancer des appels radio. Ce serait pour nous le salut si nous arrivions à réparer la radio de la cabine de pilotage, que nous n'avons toujours pas réussi à mettre en marche. Personne ne comprend rien à tous ces fils et ces câbles! Nous sommes totalement coupés du monde, et le seul et unique moyen de faire venir les équipes de secours, semble-t-il, est d'émettre d'ici même, où que nous soyons. L'important est de lancer un S.O.S., et qu'il soit capté, fût-ce au Japon! Le monde doit savoir qu'il y a des survivants!

Aucun de ces courageux jeunes gens qui se lancent à la recherche de la queue de l'avion ne se fait d'illusion, en s'imaginant rencontrer un être vivant. Ce serait absurde à cette altitude; mais, en revanche, ils sont animés de l'espoir de trouver des vivres, du linge, des médicaments de première urgence, coton ou iode, qui nous font si cruellement défaut, bref n'importe quoi qui puisse servir.

— Ce serait formidable si nous trouvions des valises, s'exclame Stern, au moment du départ.

— Elles ont pu tomber sur la pente, à côté de la queue, poursuit Cerruti. Ce serait fantastique, car elles contiennent des vêtements, dont nous avons tant besoin.

— Et qui sait, peut-être découvrirons-nous dans l'une d'elles deux ou trois boîtes de chocolats et une bouteille de cognac! ajoute Del Vecchia en riant.

Certains s'obstinent à penser que, de même que nous sommes vivants, d'autres peut-être ont miraculeusement survécu. Cela me semble impossible.

Nous sommes maintenant entraînés à marcher dans la neige. Nous avons eu un mal fou au début, car avec les tempêtes des premiers jours, la neige était tellement molle que nous enfoncions jusqu'aux genoux. L'expérience de ces derniers jours dans la montagne nous a enseigné que, pour toute excursion, il faut partir à l'aube, au moment où la neige est encore dure. Dès les premiers rayons de soleil, elle commence à fondre et il devient alors impossible d'avancer même de quelques mètres : les pieds s'enfoncent, les bottes se remplissent d'eau et pèsent terriblement. Tant que le soleil ne chauffe pas, tout va bien, mais si la journée est belle, la neige commence à fondre vers neufs heures et demie ou dix heures du matin, et il est inutile de se lancer dans une expédition. Nous ne nous risquons pas non plus à trop nous éloigner, ce qui serait dangereux étant donné notre méconnaissance du terrain. Inlassablement, la même recommandation revient : nul ne doit s'écarter seul du groupe. Dans ces endroits déserts que personne ne connaît, rien de plus facile que de tomber dans une crevasse masquée par la neige.

Nous avons encore présent à l'esprit le sort pathétique d'un survivant alors que nous venions de sortir de l'avion et que nous étions sous le choc. Moi, je n'en ai pas été témoin, mais mes camarades assurent l'avoir vu. C'était au moment où nous tentions d'extirper les premiers blessés ; ils ont aperçu un homme qui descendait en courant la pente, faisant de grands gestes avec les bras. Comme il s'agissait de la pente que l'avion venait de dévaler, c'était indiscutablement l'un des nôtres. Il avait certainement dû être éjecté au loin sous le choc, mais il était sain et sauf. Sans doute nous avait-il vus car il courait comme un fou, faisant de grands sauts et se laissant glisser sur la neige poudreuse. Il était apparemment blessé à une jambe car il boitait visiblement en descendant. Mais, brusquement, il s'enfonça dans la neige et disparut à jamais. Malgré nos recherches, nous n'avons toujours pas retrouvé son corps. Certains survivants assurent qu'il s'agit de José Aranda, qui figure sur la liste des passagers. Cette tragédie, quel que soit le nom de la victime, nous fait redouter un accident de ce genre.

Nous avons petit à petit repris une vie normale, si l'on peut dire, avec un semblant d'organisation. Nous ne pouvions pas rester inactifs, les bras croisés, en attendant qu'on nous trouve.

Nous avons détaché de certaines roches des lichens, sorte de champignons qui nous ont paru infects au début. Personne ne voulait les goûter, mais nous en sommes venus à présent, par la force des choses, à les trouver savoureux. C'est ici le seul aliment naturel dont on peut tirer parti. Dans cette profonde fosse où nous sommes, on ne voit malheureusement rien d'autre que la neige ; pas un arbuste, pas de broussaille ni la moindre herbe. Qu'est-ce qui pourrait bien pousser sous cinq mètres au moins de neige ! Rien, absolument rien, que l'on puisse se mettre sous la dent. Rien que silence et solitude, solitude et silence. Et un manteau d'une blancheur immaculée qui monte jusqu'au ciel et imprègne l'atmosphère d'un gel sépulcral.

Une chose, en revanche, nous a tous agréablement surpris, ce sont les effets surprenants de l'air pur de la montagne sur la cicatrisation des blessures. Certes, la jeunesse et la bonne constitution physique des blessés se sont révélées un facteur décisif dans leur prompt rétablissement ; quoi qu'il en soit, le climat à cette altitude y est pour beaucoup. Moi aussi, qui avais le visage couvert de cicatrices et d'ecchymoses et, comme María et plusieurs des garçons me l'ont avoué, une mine épouvantable, je suis presque complètement remis. Les contusions ne se remarquent même plus. Mon amélioration rapide, je la dois beaucoup, je l'avoue, à Grimaldi qui appliquait des compresses de glace sur mes blessures pour éviter qu'elles ne s'infectent.

A propos de María, son état s'est sensiblement dégradé ces derniers jours. Elle se sent très faible et se montre triste, déprimée. Elle éclate en sanglots à chaque fois qu'elle pense à maman et j'ai beau essayer de la consoler en lui disant que, d'une certaine façon, c'est mieux ainsi, qu'elle aurait trop souffert ici avec nous, je n'arrive pas à calmer son immense chagrin. Isabel de Rivera, Gerardo Teramond et Vicente Leonardi, avec d'autres amis, nous accompagnent chaque jour à l'endroit où repose sa dépouille. Là, nous récitons un « Notre Père » et un « Je vous salue, Marie » pour le repos de son âme, qui certainement est montée au ciel. Vicente adjure ma sœur de ne pas pleurer, sinon elle va se déshydrater, ce qui est certain. On nous l'a tout particulièrement recommandé, car le liquide que nous buvons n'est pas à proprement parler de l'eau potable, il manque des sels minéraux nécessaires à l'organisme. Nos « docteurs » nous le répètent inlassablement.

Il nous arrive de prendre le soleil, lorsque le temps le permet, juchés sur l'avion ou sur les sièges sortis. Parfois aussi, nous faisons des promenades dans les environs. Grâce à Dieu, les cigarettes ne manquent pas, si bien que nous n'arrêtons pas de fumer pour nous couper l'appétit et nous désénerver. Nous avions emporté environ cent vingt paquets de cigarettes brunes, car on nous avait dit qu'à Santiago, on ne trouvait pas dans le commerce ce type de tabac. Au Chili, en effet, il y a pénurie de certains produits. En outre, le propriétaire d'une importante fabrique de cigarettes voyageait avec nous et il en apportait cinq cartouches pour les offrir en cadeau à ses amis chiliens. Nous avons donc de quoi faire et, même si nous fumons beaucoup, j'imagine qu'elles ne vont pas s'épuiser si facilement. A propos, je ne connais pas le nom du propriétaire de cette fabrique de cigarettes à Montevideo. Il figure parmi les disparus, à ce qu'on m'a dit.

Durant la journée, nous vaquons à quelques occupations, chacun collaborant à une tâche en rapport avec sa spécialité, et la nuit nous rentrons à l'intérieur de l'avion, pour échapper au froid. Les étudiants en agronomie — ils sont plusieurs — sont chargés de chercher de la nourriture au milieu de la rocaille de montagne et partent en groupe en quête de lichens. Cherro est le spécialiste de la flore et de la faune. Ses amis du groupe l'ont bien mis en boîte hier lorsque « Santi », c'est son surnom chez lui, est arrivé tout excité en prétendant avoir vu, à proximité, des abeilles et des mouches. Il a demandé à ses copains de l'aider à trouver le rayon de miel des abeilles qui, selon lui, ne devait pas être très loin. Mais ils ont eu beau chercher, ils n'ont rien trouvé. « Le mystère des abeilles », comme nous disons en plaisantant, demeurera à jamais enfoui dans les neiges éternelles.

Pour subsister, il a fallu faire appel à toutes les ressources de notre imagination. L'eau, par exemple, c'était très facile de l'obtenir. Il suffit de mettre de la neige à l'intérieur des chambres à air des ballons de rugby, puis de la faire fondre au soleil. Un travail simple, mais qui prend pas mal de temps, surtout les jours de brouillard. On peut aussi remplir de neige l'intérieur du dossier des sièges qu'on laisse exposé dehors, et on pose dessus les bouteilles vides de vin et d'autres boissons déjà bues. La chaleur du soleil à travers le verre fait fondre la neige, qui se transforme en liquide. Pour dégeler les blocs de neige très gros, on cogne dessus avec des feuilles d'aluminium extraites de la porte de l'avion. L'eau une fois obtenue est conservée dans des récipients improvisés avec les armatures d'acier des sièges. Nous buvons beaucoup d'eau, de un à deux litres par jour, parfois plus, grâce à quoi, au moins, nous étanchons notre soif. Tout en sachant, comme je l'ai dit, que le liquide obtenu ne renferme pas les sels et substances minéraux de l'eau potable, vitaux pour l'organisme. Un substitut de fortune.

Pour avoir de la neige pure, il faut s'éloigner de l'avion car, tout autour de l'appareil, elle est dégoûtante et sent mauvais. Elle est rougie du sang des blessés et des morts qu'il a fallu enterrer à proximité. Autour du Fairchild, il y a aussi d'énormes taches d'huile laissées par l'avion dans sa chute ; ailleurs, là où les gens ont uriné, la neige a jauni. Aussi, pour l'éviter, nous avons tous décidé, hommes comme femmes, qu'il n'y aurait qu'un seul endroit qui servirait de « toilettes » : près des roues avant.

Pour se protéger du soleil, Mario Stern, qui est doué d'une imagination fertile, a conçu des lunettes fumées avec des morceaux de carton trouvés dans le sac du pilote. L'enveloppe des sièges a servi à confectionner des sacs de couchage et des couvertures pour lutter contre le froid nocturne. Par chance, le rembourrage des sièges était en laine. S'ils avaient été en plastique, nous serions morts de froid!

Au début, beaucoup d'entre nous ne se connaissaient pas puisque tous n'étaient pas membres de l'équipe de rugby des Old Christians, mais à présent nous sommes tous intimes. Non seulement on se connaît et on sait tout de nos goûts et inclinations, mais on peut dire que chacun fait partie de la famille des autres, car il n'ignore plus rien de leurs parents et de leur famille. Au cours des jours passés, pour occuper le temps, nous avons beaucoup parlé de nous-mêmes et de nos familles à Montevideo. Je connais à présent les noms et le nombre des frères et sœur d'Eugenio Grimaldi, dont le père est cardiologue. Eugenio a deux frères et une sœur : Raúl, le dernier, qui a huit ans; Juan, dix ans, et Inés, dix-huit ans. Je suis intime avec lui et il m'a parlé de Laura, une fille de Montevideo avec laquelle il est fiancé depuis quatre ans. Il est membre de l'équipe de rugby, joue aussi au football et pratique d'autres sports.

— Mon vieux, je sais tout faire. J'arrange même les radios. Si je vois une radio en panne, je la démonte entièrement, au risque de la laisser avec tout l'intérieur dehors... Avant de partir, j'ai mis les mains... nez plutôt, dans le chauffage de la maison. Si tu avais vu dans quel état je l'ai laissé!

Roy Murphy, un grand garçon blond aux yeux bleus, qui mesure un mètre quatre-vingts et que nous surnommons le « squelette ambulant » tant il est transparent à force d'être maigre, est l'aîné de six enfants : Bob, Moyra, Jaime, et les autres dont j'ai oublié les noms. Il fait des études d'ingénieur et il est dans l'équipe de rugby. Andrés Patiño, l'un des plus gais du groupe, nous a raconté que chez lui, en Uruguay, on le surnomme « Orejitas » (Petites Oreilles) ; aussi, pour le mettre en boîte, on lui donne ce diminutif, ce qui ne l'emballe pas. Il a la bagatelle de huit frères et sœurs, dont l'un fait sa médecine, comme lui. Andrés aussi fait partie des Old Christians. Alberto Riveros, qui se prépare à une carrière d'avocat, habite un appartement du centre de Montevideo. Bien que n'étant pas joueur de rugby, il se trouvait dans l'avion parce qu'il rêvait de connaître le Chili. Comme la plupart d'entre nous, Alberto est gagné par la tristesse et la déprime quand vient la nuit : il se souvient alors des siens et imagine ce que chacun fait à ce moment-là. Le malheureux me dit que Susana, sa fiancée, lui manque, il semble beaucoup l'aimer.

Le fait de ne plus avoir de secrets les uns pour les autres, et l'amitié sincère qui règne entre tous, ont fait qu'il existe un esprit de groupe, ce qui est très important pour mieux cohabiter et s'entraider dans des circonstances aussi pénibles.

Mais je m'interroge : si la situation s'aggrave et si le pire se produit, autrement dit si la nourriture vient à nous manquer, pourrons-nous maintenir la solidarité et la concorde qui nous ont unis jusqu'à maintenant ? Si grande que soit notre amitié, le désespoir, l'angoisse, la névrose provoquée par la faim, le froid, la solitude dans la Cordillère, en voyant que les jours passent sans que vienne l'avion tant espéré, tout cela ne finira-t-il pas par avoir raison de nous, en dépit de tous nos efforts pour garder notre calme intérieur ? N'allons-nous pas perdre la raison ? Notre esprit ne va-t-il pas s'obscurcir peu à peu jusqu'à nous faire perdre la notion même de ce que nous allons faire ?

Je commence à éprouver de sérieuses craintes, pour moi-même également, même si mes compagnons pensent que ma constitution physique fait de moi l'un des plus résistants.

Si je ne m'alimente pas, il en résultera un état d'anémie, qui finira irrémédiablement par la mort ou, dans le meilleur des cas, mon existence sera prolongée d'un ou deux jours par rapport aux autres. Avec la menace imminente de perdre mes facultés de raisonnement dans une affreuse agonie.

D'autre part, quelle que soit la générosité de mes compagnons et malgré le comportement plein de noblesse qu'ils ont su garder jusqu'à présent, avec cet esprit d'entraide et de partage équitable des rares victuailles, la gravité des circonstances s'ajoutant à la peur de savoir qu'inexorablement nous mourrons de faim me fait pressentir que tout peut arriver. Comme chacun sait, dans des situations désespérées comme celle-ci, lorsque sa propre existence est en jeu, l'important pour chacun est, en définitive, de défendre sa peau.

Comment finira tout ceci ?

Il vaut mieux ne pas y penser.

Nous avons des journaux uruguayens, comme *El País*, *El Día*, ainsi que certains exemplaires de *Mafalda*, la populaire bande dessinée de Quino, mais presque personne ne les lit, personne n'a goût à la lecture. J'avais acheté à Mendoza *Clarín*, de Buenos Aires, mais je l'ai à peine feuilleté. Certains jeunes ont des jeux de cartes, cependant, jusqu'à présent, je n'en ai vu aucun jouer. Tous, nous sommes obsédés par notre sinistre avenir.

La caravane partie ce matin tôt pour gravir la montagne à la recherche de la queue de l'avion est de retour. Un échec total, à cause du mauvais temps, qui s'est fait menaçant. A mi-chemin de la pente, il leur a fallu redescendre, la marche devenant trop pénible. Nous sommes convaincus à présent que ce qu'il nous faut ici, c'est un équipement adapté pour marcher dans la neige. Et, bien que déçus, les quatre excursionnistes ont prouvé qu'ils étaient les plus vaillants.

Après cet échec, deux ou trois membres du groupe s'obstinent à penser que nous nous trouvons du côté argentin et, selon eux, c'est par là que nous devrons orienter nos prochaines entreprises. Pour Grimaldi, « toute expédition devra prendre la direction ouest ».

— A l'ouest se trouve le Chili, qui est derrière nous, répète-t-il inlassablement, et il ajoute :

— Je pense, pour ma part, que nous sommes à une trentaine de kilomètres de Curicó, mais pour y parvenir, il faut franchir cette maudite montagne. Si nous descendons la vallée en direction de l'est, c'est la mort, irrémédiablement.

Et, pour nous convaincre, il nous montre la carte.

SAMEDI 21 OCTOBRE

Ce matin, María est morte.

Tous m'ont apporté leur soutien moral, en cette heure où j'ai subi un second choc terrible : voir ma sœur bien-aimée mourir dans mes bras.

Ironie du sort ! María avait souffert de multiples fractures, après le choc elle était restée dans un état grave, mais elle s'était rétablie et j'en arrivais à penser qu'elle était hors de danger. En revanche, le premier jour, tout le monde me croyait perdu. La preuve, c'est que, me tenant pour mort, ils m'ont laissé dehors la première nuit, étendu sur la neige près des autres cadavres, comme je l'ai raconté.

María et les autres, ils me l'ont avoué quelques jours plus tard, étaient sûrs que je ne passerais pas la première nuit. J'étais dans un tel état ! Et maintenant, c'est elle, que nous pensions bien portante, qui s'en va à son tour, et moi je reste.

Carlos del Vecchia lui a fait des massages pendant un long moment pour la réchauffer, car apparemment elle est morte de froid, et Grimaldi l'a soignée de son mieux pour la sauver avec l'aide de Pablo Rey. Je ne l'ai pas quittée un instant, je lui ai même fait du bouche à bouche, mais tout fut inutile. Jamais je n'oublierai la tristesse de son regard fixé sur moi, tandis que, plein d'angoisse, j'essayais de lui insuffler la vie en la serrant dans mes bras et que des larmes de douleur et d'impuissance inondaient mes joues. Je n'avais rien d'autre à faire qu'à me résigner.

Il y a une heure à peine, nous l'avons enterrée dans la neige le plus chrétiennement possible, à côté de maman, comme c'était son désir. Elle est partie, nous ne sommes plus que vingt-six survivants. Désormais, la seule femme qui résiste avec nous est l'épouse de Felipe Rivera.

DIMANCHE 22 OCTOBRE
10 HEURES DU MATIN

Je ne sais vraiment pas comment j'ai encore le courage d'écrire.

Dire que, pendant plusieurs jours, à certains moments, nous avons eu la certitude d'être sauvés! Surtout après le passage de ces deux avions la semaine dernière.

Mais, à présent, notre sort nous semble scellé. Le dernier mince espoir qui nous restait s'est évanoui il y a quelques heures, lorsque nous avons entendu à la radio que les patrouilles aériennes abandonnaient les recherches. En cet instant, notre sort à tous ne peut pas être plus sinistre; et même si personne n'ose l'avouer à voix haute, chacun sait parfaitement qu'il ne reste plus qu'à mourir de faim et devenir, sur ces hauteurs, la proie des rapaces quand viendra le dégel des prochains mois. Nous avons des réserves pour deux ou trois jours au grand maximum. Entre autres, une boîte de lait concentré, deux petites bouteilles de whisky, trois boîtes de fruits de mer, quatre de confiture et un peu de chocolat. Mais, après?

Jusqu'à hier, les radios ont donné des informations

quotidiennes sur l'avion perdu. Les recherches, assurait-on, s'intensifiaient et des patrouilles uruguayennes, argentines et chiliennes, quadrillaient la zone. Alors, pourquoi nous abandonne-t-on brusquement à notre sort? Ne saurait-on pas qu'il y a des survivants? Les deux avions de l'autre semaine ne se sont-ils pas aperçus de notre présence? Il semblerait que non, puisque aucune radio n'a même jamais mentionné qu'on nous avait repérés. Mais pourquoi cette décision de nous abandonner, alors que le Fairchild n'a même pas été repéré et que, de ce fait, on ignore notre sort?

Plus personne ne parle, en cet instant règne un silence pesant. Nous sommes si complètement découragés que, même lorsque nous tentons de nous donner mutuellement courage, nous ne faisons que pleurer en silence. Et dire que, si souvent, nous nous sommes recommandé de ne pas verser une larme! Oui, nous, les garçons, on avait décidé d'un commun accord de serrer les dents et de nous endurcir, coûte que coûte, pour éviter à tout prix l'effondrement moral. Une seule larme versée par un camarade rejaillit sur tout le groupe et met le moral à zéro, réduit à néant l'optimisme général. Chacun ici est solidaire des autres. L'un d'entre nous se met-il à pleurer, et nous voilà tous gagnés, malgré nous, par la tristesse, ce qui ne peut être d'aucune utilité pour l'ensemble.

Je me trouvais ici à l'intérieur, avec Roy Murphy, Vicente Leonardi et Isabel de Rivera, quand parvint la nouvelle. Roy, se sentant très faible, s'était allongé, et je venais d'entrer avec de la neige pour laver une blessure qu'il avait au bras. Quelques garçons bavardaient à l'extérieur de l'avion, assis sur les sièges que nous avions sortis après l'accident. Les autres vaquaient aux alentour à différentes occupations. Certains même étaient partis en excursion. Je ne me souviens plus qui a mis la radio pour écouter un peu de musique. Nous captons Radio Minería, une station chilienne. Mais les émissions de

Santiago, celles que l'on entend le plus distinctement ici, se résument à la propagande des partis politiques du gouvernement et de l'opposition, celle-ci étant formée par la démocratie chrétienne et le parti conservateur. L'opposition chilienne s'emploie actuellement à faire pression sur le président socialiste Salvador Allende pour qu'il démissionne. Le principal argument est que jamais, dans ce pays, l'inflation n'a atteint un tel record, 15 % par mois. Il y a beaucoup d'agitation sociale. Les conducteurs de poids lourds sont en grève et le Chili tout entier est suspendu aux nouvelles. Nous écoutions distraitement lorsque quelqu'un s'est aperçu que les informations politiques étaient terminées et que la radio donnait des nouvelles du Fairchild. Voici le texte exact du communiqué :

— Les patrouilles du Service de secours aérien et du Corps de sauvetage des Andes ont décidé d'interrompre les recherches pour l'avion uruguayen perdu dans la Cordillère. Il ne fait plus aucun doute qu'il s'est écrasé. A cette date, dix jours après l'accident, il est impossible qu'il y ait des survivants. Les opérations de recherche reprendront dans quatre mois, fin février, avec le dégel de l'été.

En entendant la nouvelle, nous sommes restés muets, le cœur serré d'angoisse et d'impuissance. J'ai senti que je devenais livide, constatant qu'il en était de même pour Leonardi et Isabel. Pendant quelques secondes, nous nous sommes regardés, sans prononcer un mot. Puis brusquement, nous avons tous éclaté en sanglots, restant un long moment à pleurer. Certains garçons qui, il y a quelques jours, avaient fait preuve d'un admirable courage, ont été pris d'une crise de nerfs, et sans la force d'âme et la foi de certains autres, qui sait le drame qui aurait pu se produire en ce premier moment de profond découragement ? Deux passagers, perdant la tête, hurlaient qu'ils préféraient se tuer, maintenant qu'ils savaient qu'on avait abandonné les recherches.

— Nous allons mourir de faim ! Nous allons mourir de faim ! criaient-ils en pleurant, sans pouvoir se contrôler.

L'un d'eux a voulu à tout prix me prendre le revolver que je portais, celui du pilote mort. J'ai heureusement réussi à retirer les balles, évitant ainsi un terrible drame. Grimaldi, qui s'était approché en entendant les cris, lui a donné une forte gifle et l'a envoyé rouler sur le dos dans la neige, lui criant son indignation :

— Alors quoi, tu es un homme ? Ou un lâche ?

Je ne m'explique pas encore comment Teramond a eu le courage, plus tard, d'annoncer la mauvaise nouvelle à ceux qui, partis en excursion, n'étaient au courant de rien. Lorsqu'ils sont arrivés, il leur a lancé avec entrain :

— Messieurs, j'ai une bonne nouvelle à vous annoncer. On vient de l'entendre à Radio Minería, de Santiago. Ils ont suspendu les recherches ! Ainsi nous allons devoir ne compter que sur nous seuls pour sortir d'ici, en escaladant la Cordillère.

Les excursionnistes, dont le groupe s'était arrêté devant les roues du Fairchild, le regardaient, stupéfaits, pensant que leur ami était devenu fou. N'avait-il pas dit une « bonne nouvelle » ? Cependant, Gerardo continuait, impassible :

— Allons, les gars, il n'y a pas de quoi perdre le moral. Au contraire, réjouissons-nous...

— Imbécile ! Se réjouir, et de quoi ? a crié Andrés Patiño, rouge de colère, croyant à une plaisanterie de mauvais goût de son ami Teramond.

Mais celui-ci lui a répondu calmement :

— Parce que le moment est venu de prouver au monde ce dont nous sommes capables !

Jorge Cerruti, Joaquín Stern et Eugenio Grimaldi, plus quelques autres, sont l'âme du groupe. Grâce à eux, le calme est revenu, mais je me pose des questions : comment s'en sortir si, pour cela, il faut gravir des montagnes impressionnantes de hauteur et parcourir dans la neige je ne sais combien de kilomètres? Et comment pourrons-nous le faire, si nous ne disposons d'aucun équipement pour ce type d'expédition? Et comme si cela ne suffisait pas, nous ne savons même pas où nous sommes... Alors, où diable allons-nous diriger nos pas?

Certains ne perdent pas l'espoir que les recherches se poursuivent de manière non officielle, c'est-à-dire avec les avions particuliers qui, selon les informations de la radio, il y a quelques jours, ont été frétés par un groupe d'Uruguayens, composé en majorité des parents et familles des passagers du Fairchild, dont très certainement mon père. Tous nos espoirs reposent sur eux.

Nous savons que le père de Carlitos del Vecchia, le musicien, se trouve au Chili, avec des membres de nos familles — mon père est-il aussi venu à Santiago? — et qu'il a pris en main les opérations de secours. Dieu veuille qu'ils réussissent et n'arrivent pas trop tard, quand nous serons tous morts!

Nous avons longuement étudié la carte retrouvée dans la cabine de pilotage, et également d'après certains commentaires entendus à la radio il y a une semaine, nous sommes à peu près certains d'être tout près de Curicó. Mais de quel côté se trouve cette ville? Au nord ou au sud? A l'est ou à l'est?

Eugenio Grimaldi s'obstine à répéter que le Chili est à l'ouest et qu'il sera possible de s'orienter à l'aide de la boussole. Cependant, en mon for intérieur, je me demande comment nous allons résister au froid nocturne, et à une longue marche dans la neige, alors que nous n'avons même pas de quoi nous alimenter.

Dieu seul le sait. Et nous Le prions de ne pas nous abandonner, de nous aider à ne pas sombrer dans le désespoir...

DIMANCHE 22 OCTOBRE
6 HEURES DU SOIR

Une réunion de tous les survivants de l'avion s'est tenue cet après-midi pour prendre une décision. Décision que nous avons l'espoir — un petit espoir — de n'avoir pas à l'appliquer, mais qu'il nous paraît nécessaire de prendre. Telle que se présente la situation, nous estimons qu'il est de notre devoir d'hommes de le faire. Et si je dis « hommes », c'est que nous nous en sommes entretenus uniquement entre hommes.

A voix basse, par petits groupes, nous nous sommes concertés, faisant en sorte qu'Isabel ne se doute de rien. Elle est, parmi les passagers, la seule femme qui soit encore avec nous. Quand elle saura, ce sera un coup terrible pour elle. C'est pourquoi, il nous paraît indispensable de garder le secret pour le moment. Heureusement, son mari nous a aidés, du moins jusqu'à présent, en attendant que nous décidions de l'attitude finale à adopter en ce qui la concerne. Le mieux serait, bien entendu, que ce soit son mari qui lui parle.

La nouvelle, entendue hier à la radio, que le Service de secours aérien suspendait la recherche du Fairchild, a aggravé notre situation. Nous le savons tous. Il est inutile de le nier. Nous devons, par conséquent, nous préparer au pire.

Il nous reste à peine de vivres et chacun se pose la même question : et maintenant qu'allons-nous faire?

Personne n'avait encore vraiment envisagé cette situation. Les premiers jours, il y avait des provisions et personne n'a souffert de la faim; en outre, nous comptions sur l'arrivée, d'un moment à l'autre, d'une patrouille, terrestre ou peut-être aérienne. Mais le monde, apparemment, nous a oubliés!

Qui aurait pu penser qu'une semaine après l'accident nous serions encore là, dans la Cordillère? Qui aurait pu imaginer fût-ce une seconde, que nous serions obligés d'effleurer la question dont nous avons débattu. Que Dieu nous pardonne, mais nous avons été contraints de le faire! C'était désormais inévitable.

Chacun d'entre nous est conscient que les maigres réserves seront épuisées demain ou après-demain, et que sans nourriture on ne pourra survivre plus de trois jours. C'est pourquoi, l'unique façon de subsister, nous avons fini par nous l'avouer, serait de nous nourrir du corps de nos camarades défunts.

Oui, oui, je sais que c'est horrible, monstrueux! Mais quand on n'a pas d'autre alternative, comment endurer l'idée terriblement angoissante de mourir de faim? Je ne veux pas mourir, ni aucun de mes compagnons.

Conscient de cela, et considérant qu'il est de notre devoir de nous sacrifier pour que vivent les plus résistants, chacun a décidé que, s'il venait à mourir, il acceptait que son corps serve à nourrir les autres. Cette décision, nous l'avons prise entre hommes, prévoyant que, dans les jours à venir, c'est notre vie qui serait en jeu. Nous aurons ainsi plus de courage pour affronter la mort, en sachant que nous nous sommes offerts en sacrifice pour que nos amis restent en vie.

LUNDI 23 OCTOBRE
11 HEURES DU MATIN

Nous sommes désespérés. Il ne nous reste rien, absolument plus rien à nous mettre sous la dent. Sans compter cette sinistre nouvelle de l'annulation des recherches par les patrouilles! Oui, oui, je sais, des avions particuliers, loués par nos familles, vont certainement continuer les recherches, mais si des pilotes expérimentés dans ce type de ratissage n'ont pas été capables de repérer le Fairchild, il est fort improbable que des appareils privés pilotés par des gens qui ne connaissent pas la région, forts de leur seule bonne volonté, réussissent. Ce serait un miracle!

Certains des garçons ne font que pleurer. Nous savons tous que la fin est proche! Quelques-uns, ils sont rares, s'abandonnent à la volonté du Seigneur, car il ne nous reste presque plus de forces pour continuer à lutter; d'autres sont en proie à des crises de nerfs et il faut tenter de les calmer.

Certains de mes amis ont décidé d'écrire des lettres d'adieu à leur famille, sûrs que ce seront les dernières. Bien entendu, je crois qu'aucun parmi nous ne pense sincèrement que ces lettres parviendront un jour à leurs destinataires — de quelle façon? —, mais cela nous soulage. Nous nous sentons si seuls! C'est une grande consolation de s'entretenir une dernière fois avec ceux qui sont encore plus proches de notre cœur en ce moment où nous sommes terrassés par l'idée qu'il ne nous reste plus que quelques heures à vivre. La plupart écrivent à leurs parents, d'autres font leurs adieux à leurs frères et sœurs ou à leurs fiancées. Pour ma part, j'ai écrit une longue lettre à mon père en guise d'adieu, dans laquelle je lui parle spécialement de maman et lui relate les derniers jours de ma pauvre sœur, dans la Cordillère.

En passant près de Carlitos del Vecchia, j'ai vu qu'il écrivait, en silence. J'observe les larmes qui lentement mouillent la feuille de papier. Sentant ma présence à ses côtés, il lève la tête et me dit, les yeux pleins de larmes :

— Je lui dis adieu, à ma vieille...

Chacun confie à l'autre sa lettre en lui demandant, au cas où le pire se produirait, de la faire parvenir à sa famille.

Gerardo Teramond nous appelle, Alberto Riveros et moi, et nous demande de remettre une lettre à sa fiancée, s'il vient à mourir avant nous. Je lui assure qu'il sera le dernier et qu'il nous enterrera tous, qu'il n'a pas à se faire de souci, mais il insiste pour que nous lui rendions ce service.

Cela nous semble désormais inéluctable, nous allons devoir nous nourrir du corps des passagers morts, dont certains étaient des amis ou d'anciens camarades de collège. Il n'existe pas, à notre connaissance d'autre moyen pour survivre. Si épouvantable qu'il paraisse, il faut affronter le problème dans sa cruelle réalité. Une douloureuse expérience, mais, me semble-t-il, aucun d'entre nous ne le ressent comme un acte impur, dégradant ou vil. Bien au contraire, chacun a dû faire appel à toutes ses forces, au meilleur de lui-même, pour se persuader qu'il n'y a pas d'autre voie possible. Chacun a longuement réfléchi à la question, a prié pour demander à Dieu de nous éclairer et de nous dire ce que nous devons faire. La décision a été prise en toute sérénité, et non sous le coup d'une impulsion.

Eugenio Grimaldi a voulu s'entretenir seul à seul avec moi. Il m'a confié :

— Te rends-tu compte, Luis, où nous en sommes arrivés ?

— Oui, oui, je sais, mais que pouvons-nous y faire ?

La voix brisée d'une soudaine émotion, Eugenio a poursuivi :

— Frère, nous n'avons qu'une seule alternative. Ou mourir de faim ou nous alimenter de la chair de nos compagnons défunts.

J'avais beau avoir réfléchi à la question, j'ai frissonné et répondu, en hochant la tête avec une profonde tristesse :

— Rien que d'y penser, j'en ai la nausée. Même si, pour être franc, cette pensée m'obsède depuis plusieurs jours et que je ne vois pas d'autre solution. Mais te rends-tu compte de ce que cela signifie ?

— Cela signifie que, seulement ainsi, nous pouvons rester en vie. Sinon, c'est la mort, irrémédiablement.

— Oui, je sais, ai-je objecté, mais aurons-nous le courage d'accomplir un tel acte ? Crois-tu que les autres l'accepteront ?

— Nous sommes tous chrétiens, a expliqué mon ami. Beaucoup s'y refuseront, je sais, je crains même que certains ne s'opposent même à ce que nous le fassions. Malgré tout, il faut leur faire comprendre que toute autre solution nous conduirait droit au suicide. Luis, écoute-moi bien : je ne veux pas mourir, je ne pense pas que toi non plus tu le veuilles, n'est-ce pas ?

Bien sûr que je ne le voulais pas. Eugenio a poursuivi :

— Crois-tu que nous allons commettre là un péché ? Un péché contre les lois de Dieu ?

Je lui ai répondu avec franchise que j'avais de terribles doutes sur ce point.

— Que le Seigneur me pardonne, m'a-t-il répondu, mais je suis certain que Lui saura nous comprendre et que, dans son infinie bonté, il nous pardonnera tous pour ce que nous allons faire. Si nous avons le courage de recourir à cette extrémité, nous avons une possibilité de nous sauver. Sinon nous périrons tous, ce qui dans un certain sens équivaudra à nous suicider, et tu sais bien que l'Église condamne le suicide. En tant que chrétiens et catholiques, il est de notre devoir de le faire comprendre à chacun : la religion catholique nous enseigne que Dieu seul est maître de notre existence, et tant qu'il reste un souffle de vie, on ne doit pas attenter à sa vie. Nous sommes des créatures de Dieu, n'est-ce pas ? Alors, en bons chrétiens, chacun d'entre nous a le devoir de lutter pour sa vie et celle de ses frères, jusqu'à la limite du possible. Et je crois que notre devoir dans ce cas est de faire comprendre à chacun que le fait de nous laisser mourir équivaudrait à aller contre la volonté de Dieu. De surcroît, ce serait une lâcheté. Tu es d'accord ?

Je me suis risqué à objecter :

— Mais, te rends-tu compte qu'il s'agit justement du corps de nos amis ?

— J'y ai pensé, bien entendu, et c'est ce qui me bouleverse, me brise le cœur. Mais que peut-on y faire, Luis, que peut-on y faire? ajouta-t-il, visiblement troublé, en m'étreignant.

Au bout de quelques secondes, je suis parvenu à lui répondre à grand-peine, la gorge nouée :

— Il faut en discuter franchement avec tous les autres.

Nous nous sommes dirigés vers l'intérieur du fuselage, car cette brève conversation s'était déroulée dans la neige, près du flanc de l'avion. Nos compagnons se reposaient par groupes, les uns fumant, les autres jouant aux cartes.

Je me suis dirigé vers eux, réclamant leur attention et leur ai expliqué que cette réunion était indispensable, que notre vie en dépendait. Eugenio a pris aussitôt la parole.

— Les gars, la situation est extrêmement grave. Les vivres sont épuisés. Si nous voulons vivre, il faut recourir à une mesure extrême.

Tous écoutaient dans un silence total. La majorité d'entre eux, j'en suis sûr, avait plus ou moins réfléchi au problème. Sans aucun doute, chacun s'était posé la question terrible : Et à présent, qu'allons-nous manger? pour en arriver de son côté à la seule, déchirante et macabre réponse, celle-là même dont Eugenio venait de m'entretenir. Mais, apparemment, chacun attendait un miracle.

Pendant dix minutes, Grimaldi a mis les choses à plat, interrompu de temps à autre par des questions. A peine avait-il terminé, que des voix se sont élevées, étranglées de colère :

— Mais tu es fou! Je me refuse catégoriquement à toucher à un cadavre.

— Plutôt mourir que de me nourrir de la chair de mes amis défunts!

— Mais nous sommes catholiques, tu l'as oublié?

As-tu pensé que Dieu ne nous pardonnera jamais si nous touchons à ces corps ? s'est écrié Carlos del Vecchia, en se levant pour mieux se faire entendre.

Ses yeux verts brillaient d'une lueur étrange.

— Aucun d'entre nous n'a le droit d'y toucher, a conclu une autre voix. Je n'en aurais d'ailleurs pas le courage.

C'est alors que Felipe Rivera s'est adressé au dernier qui avait parlé :

— D'accord, mais as-tu une autre proposition à faire ? Vous voulez peut-être tous mourir de faim ?

Il y a eu un profond silence, que personne n'osait briser. La tension montait peu à peu, tout le monde se sentait vraiment nerveux.

— Mes amis, je vous en prie, gardons notre calme, est intervenu rapidement Mario Stern, en levant les bras. Il me semble qu'Eugenio a raison. Il vient d'exposer la seule alternative possible. Pour tous, la situation est terrible, nous le savons. Mais ne pas agir équivaut à un suicide ! L'Église condamne le suicide et, en bons chrétiens que nous sommes, nous n'avons pas le droit de nous suicider.

Eugenio Grimaldi a pris de nouveau la parole :

— Je vais vous dire quelque chose qui va vous paraître très dur. En ma qualité d'étudiant en médecine, je puis vous garantir que notre refus, notre réticence à adopter une telle décision provient essentiellement d'un manque d'habitude, d'un comportement dicté par les coutumes de notre civilisation. Mais, souvenons-nous, dans d'autres situations extrêmes, l'homme a été contraint de se nourrir de chair humaine pour subsister...

Il s'apprêtait à poursuivre quand Andrés Patiño l'a interrompu pour déclarer à ce propos qu'il se rappelait avoir lu le récit d'une expédition américaine, conduite par deux frères, George et Robert Dooner, au cours de laquelle un groupe se vit dans l'obligation d'utiliser les corps de compagnons qui avaient péri.

— Cela se passait en 1846, dans la Sierra Nevada de Californie. Ils étaient quatre-vingt-un et quarante-cinq seulement survécurent.

— Et n'avons-nous pas lu le récit des véritables horreurs auxquelles l'homme dut se résoudre pour survivre pendant la Seconde Guerre mondiale ? a poursuivi Grimaldi, lorsque Patiño s'est tu. Et lors des révolutions et des nombreuses catastrophes qui surviennent dans toutes les villes du monde, l'homme n'a-t-il pas dû parfois se résoudre à avaler des choses bien pires, par exemple des fourmis, des vers de terre, des souris, voire des excréments ? Dans notre situation, il nous faut être réalistes... Le corps humain a besoin de protéines pour subsister et nous ne pouvons nous les procurer que par les corps de nos compagnons défunts. D'ailleurs, je ne vois pas ce qui vous dégoûte et vous répugne tant. Avec une transfusion de sang, ne reçoit-on pas une livre de substances humaines qui vont directement dans le sang ou, de toute façon, dans notre organisme ? Et ne s'agit-il pas là d'un apport vital, pour nous faire revivre en cas d'hémorragie ou d'anémie aiguë ? De même un patient à qui l'on applique, par exemple, des injections de gammaglobuline, ne reçoit-il pas une substance protéique extraite du plasma d'êtres humains ? Et une greffe, comme toutes celles pratiquées par les scientifiques du monde, n'est-ce pas quelque chose de comparable à notre propre cas ? En utilisant pour survivre des personnes déjà mortes, nous incorporons leurs corps à notre matière, c'est pourquoi je dis que c'est un peu la même chose qu'une greffe. De la même façon qu'on greffe le rein, l'œil, le cœur d'une personne décédée à un malade pour le maintenir en vie, pourquoi ne pourrions-nous pas le faire nous aussi, si c'est notre seule chance de survie ? J'irai jusqu'à dire que leur chair survit ainsi, d'une certaine façon, en ceux qui l'ont assimilée, poussés par la nécessité à cette extrémité.

Vicente Leonardi l'a interrompu pour objecter que ce n'était pas la même chose et que, de surcroît, nous allions nous approprier des corps qui ne nous appartenaient pas. Ce à quoi Grimaldi a rétorqué :

— Sincèrement, pour ma part je ne vois guère de différence. Dans notre cas, il s'agit de transformer des protéines mortes qui se trouvent dans des corps sans vie en substances qui vont nous profiter, à nous. En d'autres termes, du fait que nous utilisons ces êtres, ils acquièrent une valeur plus grande en contribuant à prolonger notre vie qui, sinon, est irrémédiablement condamnée. Que ces corps ne nous appartiennent pas, c'est vrai ; mais, comme ils sont sans vie, j'oserai dire qu'en ce moment, ils n'appartiennent pas non plus à leurs propriétaires, à nos compagnons défunts. Autrement dit, ce sont bien leurs corps, mais leurs âmes se sont déjà envolées très loin. Et si on avait la possibilité d'interroger nos amis, je suis convaincu qu'ils répondraient qu'ils sont très contents que leurs corps puissent servir à quelque chose d'aussi sacré, d'aussi noble que de prolonger nos vies, au lieu de servir de pâture aux condors, lorsque viendra le dégel.

À ces mots, des exclamations ont jailli au sein du groupe :

— Non, non et non ! Plutôt mourir de faim que de commettre un tel sacrilège, s'est écrié Oscar Echebarne avec brusquerie.

— Tu veux qu'on subisse tous le même sort, alors qu'on a une chance de vivre ? a répliqué Santiago Cherro, s'adressant à Echebarne.

Je suis intervenu à mon tour pour dire que cela ne me paraissait pas un sacrilège. Que nous ne faisions rien de répréhensible, puisque aucun d'entre nous n'avait ôté la vie à nos compagnons, bien au contraire nous avions fait tout ce qui était dans la limite de nos forces pour les sauver, eux aussi.

— Mais avez-vous pensé à ce que vous direz à leurs

parents, dans l'hypothèse où l'on nous retrouverait ? a soudain demandé Isabel de Rivera, s'adressant à moi.

Me sentant visé, j'ai répondu.

— Nous leur dirons que seule la générosité de nos amis nous a permis d'arriver jusqu'à eux pour solliciter leur compréhension, leur pardon ; que sans nos amis, nous aurions péri à notre tour ; que grâce à leurs corps sans vie nous avons pu leur apporter à eux, leurs parents, l'ultime message d'adieu et de consolation de leurs enfants bien-aimés. Si nous mourons tous, personne ne saura jamais ce qu'il est advenu de nous. Et même, n'est-ce pas bien pire pour nos parents de n'avoir même pas le réconfort de savoir où nous sommes, où reposent les êtres chers qui ont disparu, pour venir ensuite rechercher leur dépouille ?

— Mais ne sommes-nous pas catholiques ? a fait observer à voix haute Pablo Rey, juché sur des valises. Comment alors pouvons-nous oser faire une chose pareille ? Dieu ne nous le pardonnera jamais, même s'il s'agit de défendre notre vie...

Alberto Riveros, qui était resté jusque-là en dehors de la discussion, est intervenu à son tour :

— Je pense que c'est précisément parce que nous sommes catholiques que nous devons le faire, sans crainte d'offenser Dieu. Je me suis fait cette réflexion : quand nous allons à la messe et que nous communions, nous recevons le corps et le sang du Christ. N'est-il pas vrai ? Pourquoi ne pourrions-nous pas faire de même avec nos compagnons défunts, en pensant que le Seigneur est présent dans leur corps et dans leur sang ? Jésus-Christ n'a-t-il pas offert sa vie pour sauver nos âmes ? Ne pensez-vous pas qu'ils se sont immolés pour nous sauver, comme le Christ est mort sur la croix pour nous ? Si Jésus, pendant la Cène, a partagé son corps et son sang entre ses apôtres, je pense que c'est pour nous faire comprendre que nous pouvons agir de même avec nos malheureux compagnons, puisque le Christ s'est incarné dans le corps et le sang de chacun d'entre eux. L'acte que nous allons accomplir n'a rien d'offensant pour Dieu, dans la mesure où il s'agit de notre survie. Ce sera un acte de communion. C'est du moins ainsi que je l'interprète. Et une chose est sûre, le Christ s'est incarné dans chacun de ces corps.

Un long silence a suivi les paroles d'Alberto. On n'entendait à l'intérieur du fuselage que le rythme accéléré de nos cœurs. Nous avions complètement oublié le froid glacé qui, quelques minutes plus tôt, nous avait contraints à remuer les doigts pour activer la circulation, à nous frotter les oreilles, le nez et la figure. Les paroles de Riveros m'avaient paru magnifiques, très poétiques. Elles firent une forte impression sur l'ensemble du groupe. Nous étions bouleversés.

Je m'apprêtais à parler quand Rey, me devançant, s'est exclamé avec brusquerie :

— Faites ce que vous voulez, quant à moi je préfère me suicider... C'est, ni plus ni moins, un acte de cannibalisme, que je trouve monstrueux...

Sur ce, Ernesto Gómez s'est levé pour le tancer vertement :

— Excuse-moi, mais tu es dans l'erreur, a-t-il crié si fort que ses voisins immédiats ont dû lui demander de baisser le ton. Ça n'a rien à voir avec le cannibalisme. Un cannibale, si tu veux savoir, c'est une brute qui tue sa victime avec cruauté pour la manger, soit pour assouvir sa faim soit pour accomplir un rite païen. Notre cas, je le répète, n'a rien à voir avec le cannibalisme.

Mais l'autre s'obstinait :

— Alors, qu'est-ce que c'est, dis-moi ? Comment appelles-tu ça ?

— Peu importe comment on appelle ça ! a fait observer Jorge Cerruti, intervenant à son tour.

Après une pause de réflexion, Ernesto a répondu :

— Ce que nous envisageons n'est, à mon avis, qu'un acte d'anthropophagie.

Rey a levé les bras au ciel, comme pour nous prendre à témoin. Et aussitôt, il a éclaté d'un rire moqueur :

— Ah bon ! n'est-ce pas exactement la même chose sous un nom différent ?

— Non, absolument pas, a rétorqué Gómez. Ce que nous allons faire s'appelle de l'anthropophagie, c'est-à-dire se nourrir de chair humaine ; mais il ne s'agit pas d'un acte de brutalité ou de sauvagerie, auquel on serait porté par inclination ; c'est une nécessité impérieuse, que personne ne souhaite, mais à laquelle on ne peut se soustraire si on veut rester en vie. Qu'en pensez-vous ? a-t-il ajouté, s'adressant au groupe réuni.

Certains l'approuvaient, mais Isabel a manifesté son désaccord :

— Vous avez beau dire, je pense que ce que vous vous apprêtez à faire est parfaitement immoral... Oui, je le répète, il s'agit d'un acte immoral, contre lequel je m'élève en tant que catholique, car je suis bien certaine que l'Église s'y oppose également...

Mario Stern s'est levé à nouveau pour répondre :

— Sincèrement, je ne crois pas que l'Église s'y oppose. En principe, du point de vue éthique et théologique, notre acte ne pourrait être qualifié de cannibalisme, car le corps est destiné à ressusciter, mais l'Église nous enseigne qu'un cadavre n'a de droits en soi que par la volonté du défunt ou en cas de testament laissé par celui-ci. Or, vu qu'un être vivant a des devoirs à l'égard de la communauté, j'estime justifié d'un point de vue éthique que nous nous nourrissions de la chair de nos infortunés camarades, pour survivre.

— Je pense aussi, a acquiescé Martín Lamas, que cette extrémité à laquelle nous sommes acculés n'est immorale qu'en apparence. La nécessité et le droit prioritaire de subsister, qui est le nôtre, lui ôtent tout caractère négatif.

Gabriel Madariaga, qui était resté silencieux, a demandé la parole :

— Vous permettez? Je mentionnerai uniquement deux choses : il me semble, quant à moi, que toute personne normale, confrontée aux circonstances pénibles que nous traversons, devrait avoir la même réaction. Comme d'autres, je pense qu'il ne s'agit que d'un acte de communion et que, étant tous chrétiens, nous avons droit à cette communion pour nous en sortir. Je ne crois absolument pas que ce soit une monstruosité. Les morts, inutile de le nier, ne sont plus avec nous, ils ont accompli leur mission dans ce monde. Pourquoi ne pas leur demander de nous servir de nourriture pour que nous puissions vivre? Dans l'état où ils sont, quel mal va-t-on leur faire?

A nouveau, un long silence s'est ensuivi. Puis, Felipe Oliveira, qui jusqu'ici était resté également en dehors de la discussion, a voulu donner son opinion. Il parlait, nous regardant tous, tandis qu'il tournait la tête de droite à gauche pour s'adresser au groupe :

— Oui, je partage l'avis de Madariaga. Le corps humain mérite le respect, mais il ne constitue pas une valeur en soi. Aucun d'entre nous ne veut, je crois, suggérer que le fait de toucher à ces corps signifie leur manquer de respect. Bien au contraire. Dans le cas présent, ce qui est réellement important, c'est la vie qui se cache en eux, qui se prolonge au-delà de ces corps. L'essentiel, c'est la vie que chacun d'eux peut nous donner. A mon sens, si nous utilisons ces êtres sans vie, ils seront beaucoup plus utiles que s'ils restaient à jamais enterrés là où ils sont à présent. Ils s'immoleront pour nous, mais sans souffrir. N'est-ce pas digne, n'est-ce pas noble, ce que ces amis peuvent faire pour nous éviter de subir leur sort?

Il a fait une petite pause, dans l'attente probablement d'une objection, qui n'est pas venue. Alors, il a poursuivi :

— Par ailleurs, si nous nous appropriions nos malheureux compagnons, leurs corps disparaîtront, c'est certain. Mais, dans l'incinération, pratiquée chaque jour davantage dans le monde, le corps ne disparaît-il pas? Et si l'Église ne s'oppose pas aux greffes d'organes dont les êtres humains ont fait don pour aider leurs semblables, pourquoi devrait-elle nous condamner, alors que nous avons pour nous le droit suprême de lutter pour survivre?

— Oui, mais en vertu de ce droit, nous allons manger les corps de nos pauvres amis, qui sont sacrés à mes yeux... a rétorqué Del Vecchia, rentrant à nouveau dans la discussion.

Il était l'un des plus hostiles à la décision.

— Et puis, apparemment, personne n'a songé à l'aspect juridique de la question, au cas où nous serions sauvés. Si les parents et familles des disparus nous intentaient un procès? Y avez-vous seulement songé?

Nous sommes restés un long moment silencieux, ne sachant quoi répondre. Personne, en vérité, n'y avait pensé. Puis, Horacio Montero s'est adressé soudain à Gómez :

— Ernesto, toi qui fais des études de droit, qu'en penses-tu? Sur le plan juridique, que risquons-nous?

Tous, nous nous sommes tournés vers Gómez, qui sentait tous les regards braqués sur lui. Il a paru réfléchir quelques minutes, puis a répondu :

— En cas d'action en justice, de poursuites intentées par la famille... Bon, pour commencer, je ne crois franchement pas que leurs familles songeraient à nous citer en justice... Elles sauront, je crois, nous comprendre, nous pardonner, vu les circonstances... En outre, je suis d'avis que, si nous en réchappons, nous allions à Montevideo voir les parents pour leur expliquer en face ce qui s'est passé... Mais dans l'hypothèse où quelqu'un, pour des motifs parfaitement compréhensibles, parfaitement humains, en viendrait à critiquer notre comportement et manifesterait le désir de nous voir punis par la loi, il me semble que la Justice, en dernier ressort, rejetterait la requête.

— En es-tu sûr? demandai-je?

— Oui, parce qu'on ne peut parler dans notre cas de faute, a répondu Ernesto avec assurance. Et en l'absence de faute ou dol, il n'y a pas de responsabilité légale puisque, si je ne me trompe, notre situation entrerait dans la catégorie des cas dits « de légitime défense » définis par les traités de droit.

— Qu'est-ce que cela veut dire au juste? a voulu savoir Echebarne.

— Précisément lorsque se présente une situation comme la nôtre, c'est pourquoi on l'appelle ainsi. Il y a faute quand il existe un délit, mais, dans notre cas, il n'y en a pas; de même qu'il n'y a pas dommages sur les personnes, puisqu'elles ont péri dans un accident, indépendamment de notre volonté, voire contre notre volonté et notre désir intime, puisque celui-ci était qu'elles vivent également. Chacun peut témoigner que tous, ici présents, nous avons fait tout ce qui était humainement possible pour contribuer au rétablissement des blessés encore en vie après l'accident. Tous, nous avons lutté pour notre existence, mais également pour celle des autres. Enfin, il y a pas dol non plus, personne ne cherchant à dissimuler ce que nous nous apprêtons à faire. Il serait d'ailleurs complètement absurde de chercher à nier ce qui s'est passé; en effet, la première question que l'on nous posera si on nous retrouve ou si nous redescendons d'une quelconque façon, c'est : qu'avez-vous mangé là-haut, pendant tout ce temps? Y avez-vous seulement réfléchi?

Surpris, en comprenant toute l'importance de ce nouveau problème, nous nous regardions, silencieusement, sans savoir quoi répondre. Gómez, heureusement, a repris :

— Avez-vous réfléchi à cela? Quant à moi, il me semble que c'est la première question que nous poseront les pilotes, les équipes de secours, ou les journalistes de la presse écrite et de la télévision. Ceux-là, en particulier, vont nous cribler de questions. La presse et la télévision vont être les premières à divulguer la nouvelle, y avez-vous seulement songé ? Personne n'imagine un instant, je suppose, qu'ils goberont que nous avons jeûné tout ce temps dans la Cordillère, sans rien avaler, et que c'est par miracle que nous n'avons pas péri... Ce serait de l'enfantillage. Oui, c'est la première question que l'on nous adressera. Qu'avez-vous mangé pendant tout le temps où vous êtes restés là-haut ? Et, selon vous, que devons-nous répondre ? Que croyez-vous qu'il est de notre devoir de répondre ?

Gómez s'est arrêté, attendant nos réponses. Presque aussitôt, quatre ou cinq garçons ont crié d'une même voix :

— La vérité ! la vérité !

— Oui, notre devoir moral est de dire la vérité, ont aussitôt ajouté deux autres voix, dans l'une desquelles je reconnus celle d'Isabel.

Nous étions tous d'accord, sur ce point il y avait l'unanimité.

— Je suis de cet avis, a conclu Ernesto. Aucune autre réponse, d'ailleurs, ne serait crédible... Ce serait un mensonge que même un enfant n'avalerait pas, car il est impossible de résister sans s'alimenter dans la Cordillère, avec ce froid épouvantable. Ainsi, la logique commande de ne pas mentir même si on le voulait. Pourquoi nous exposer à déguiser la vérité si sottement ? Pour quelle raison ? Cela servirait à quoi, puisque personne ne va faire quelque chose de mal ? Par peur ? Mais peur de quoi si nous n'allons commettre aucun délit ? Alors, si personne ne songe à dissimuler quoi que ce soit et que nous avons, au contraire, l'intention de dire toute la vérité, il n'y a pas dol non plus. Donc, on ne pourrait rien nous reprocher.

— Vous voyez, les gars ? On ne peut nous accuser de rien !... s'est exclamé Madariaga, triomphant, face à la minorité réticente.

Mais Carlitos a pris la parole, se faisant l'interprète de ceux qui étaient d'un avis contraire :

— Mais, c'est que nous n'avons aucun droit de nous approprier les corps de nos amis ! s'est-il écrié avec fougue. Nous n'avons pas le droit ! Ni légalement, ni moralement ! Quant à moi, je me fiche de l'aspect légal ! Je me situe sur le plan moral, spirituel, de la question. C'est cet aspect qui doit nous préoccuper avant tout, en tant qu'êtres humains et en tant que chrétiens.

Armando Parodi, qui se trouvait près de moi, s'est adressé soudainement à Del Vecchia :

— Carlos, me permets-tu de te dire quelque chose ? L'interpellé a fait oui de la tête.

— Pourquoi dis-tu que nous n'avons pas le droit ?

— Tout simplement parce que c'est la réalité, nous n'avons pas le droit.

— En apparence seulement, a fait observer Armando. C'est-à-dire que si l'on considérait notre cas en soi, sans la menace de la fin tragique qui nous attend si une décision n'est pas prise d'urgence, il est fort probable alors que le droit ne serait pas de notre côté. Mais, dans notre situation, en dehors du fait que son extrême gravité exclut toute temporisation, les circonstances sont très particulières, c'est une question de vie ou de mort. Inutile de le nier, c'est la cruelle réalité. Ou serait-ce que nous nous mentons à nous-mêmes ?

Il s'est arrêté, attendant un commentaire qui n'est pas venu. A l'évidence tout le monde était totalement d'accord sur l'horreur de la situation à laquelle nous étions confrontés. Armando a ajouté :

— Je le répète, le fait que c'est notre vie qui est en jeu nous accorde un droit auquel nous ne pourrions prétendre dans une autre situation moins terrible. Tout est relatif dans la vie, tout dépend des circonstances, et là il s'agit tout simplement de survivre. Et, dans notre cas, que signifie survivre, mes amis ?

Nous nous sommes dévisagés, chacun comptant sur le

voisin pour donner la bonne réponse. Mais, pendant ces interminables secondes, personne n'osait répondre à une question aussi simple, aussi facile en apparence.

— Vous ne le savez pas? s'est exclamé Armando d'une voix forte, comme surpris par notre silence. Survivre signifie « demeurer en vie », ni plus ni moins. L'important est ce que cela veut dire dans l'existence d'un homme, n'est-il pas vrai? Alors, cela nous concède, je crois, à nous qui traversons une épreuve si terrible, qui l'expérimentons dans notre propre chair, des droits très particuliers, exceptionnels, car nous sommes actuellement dans une situation désespérée... En reconnaissant, il est vrai, que ce droit ou cette permission d'agir pour tenter de survivre, cesse logiquement là où commence le droit d'autrui à la vie.

Quand Parodi s'est tu, Eugenio Grimaldi a voulu aussitôt donner son avis. Mais il a dû attendre patiemment son tour car, ç'a été d'abord la confusion totale. Toute le monde parlait à la fois et on ne s'entendait pour ainsi dire plus. Certains réclamaient le silence pour poursuivre la discussion dans le calme, d'autres criaient pour se faire entendre. Le calme enfin s'est rétabli tandis que les esprits s'apaisaient.

— Je suis pleinement d'accord avec ce que vient de dire Armando, a commencé Grimaldi quand il a pu parler. Mais j'ajouterai ceci, qui est extrêmement important... C'est que nous avons plus ou moins le droit légal ou moral de toucher aux corps de nos compagnons... Ce qui nous intéresse au premier chef, c'est que nos vies en dépendent. Je vous en prie, que ceux qui sont d'un avis contraire essaient de le comprendre! Nous devons penser également à nos parents, à ceux que nous aimons car, les amis, nous devons nous souvenir de nos familles! C'est notre devoir! Elles nous attendent, et souhaitent que chacun d'entre nous revienne vivant! Et, pour cela, nous avons besoin de nos malheureux camarades, de l'apport de leurs protéines, qui pourraient se transformer en calories salvatrices...

Et, pointant le doigt vers le coin où se tenait Patiño, son condisciple, il lui a demandé :

— Qu'en penses-tu, Andrés ?

Celui-ci, qui suivait avec attention les paroles de son ami, a opiné du chef.

— D'autre part, a poursuivi Eugenio, lequel d'entre nous ne serait prêt à avaler n'importe quel autre aliment, d'où qu'il vienne, s'il est en train de mourir d'inanition, comme nous en ce moment ? Sûrement n'importe quoi, pas vrai ? Alors je ne vois réellement pas pourquoi il serait mieux pour ces pauvres victimes d'être la pâture des vers de terre que de nous servir de nourriture, à nous qui sommes vivants, dans un cas de force majeure. Ce sont nos amis, et c'est justement à ce titre que nous faisons appel à leur générosité.

Pendant une quinzaine de minutes, les partisans d'une décision immédiate se sont employés à convaincre les autres, en rappelant en outre l'accord qui avait été conclu il y a deux jours à peine. A savoir, que chacun avait offert son propre corps, s'il venait à mourir, pour servir de nourriture à ses compagnons.

Ce dernier point avait fait l'unanimité entre nous, en mettant à part Isabel, eu égard à sa condition de femme. Cette décision, nous l'avions prise entre hommes en prévision de ce qui pourrait arriver. Chacun d'entre nous compte, donc, sur le pardon de ses camarades ici présents.

Sur ces paroles, la séance a été levée.

JEUDI 26 OCTOBRE

Il m'est extrêmement pénible de relater ce qui suit. J'éprouve au plus profond de moi-même un mélange de honte profonde et d'étrange confusion. Mais Dieu nous pardonnera ce que nous avons fait, car nul ne sait mieux que Lui que nous y avons été contraints pour ne pas mourir de faim !

Voici trois jours que nous nous nourrissons de la chair des passagers morts.

Hélas, nous sommes seuls, les survivants, à savoir ce que nous avons enduré au cours de ces trois derniers jours, confrontés à cette nouvelle et effroyable expérience!

Il nous a fallu au début lutter de toutes nos forces contre la répulsion naturelle, le violent dégoût qui nous saisissait tous. La première chose à faire était de déterrer les cadavres des passagers qui avaient péri les premiers jours. Les garçons, paralysés par le dégoût, ne pouvaient s'y résoudre, ce qui est plus que compréhensible; aussi, après moult hésitations et discussions, on est tombés d'accord pour désigner un groupe qui se chargerait de cette tâche. Là où l'on se souvenait que reposaient certains corps, on a entrepris de les exhumer. Certains cadavres étaient particulièrement difficiles à trouver, car personne ne se souvenait de l'endroit exact où on les avait déposés. Il faut penser que cela faisait je ne sais combien de jours que plusieurs passagers avaient péri et que l'on n'y avait plus prêté attention, absorbé qu'on était par tant d'autres choses. Certains étaient enterrés non loin de l'avion, d'autres avaient été abandonnés à cinquante ou cent mètres de la carcasse du Fairchild.

Pendant ce travail macabre, plusieurs des garçons ont été pris de vomissements. D'autres, terrassés par une violente émotion à la vue d'une main, d'une jambe ou du visage d'un mort émergeant dans la neige, tombaient par terre, décomposés et suant à grosses gouttes, le visage d'une pâleur mortelle. Certains corps étaient relativement faciles à identifier; d'autres, le visage gonflé, violacé, étaient franchement méconnaissables.

Des éléments de l'avion nous ont servi à confectionner des pelles pour extraire les corps. Tandis que je creusais, je détournais la tête dès que j'apercevais un nouveau cadavre. Certains des garçons se couvraient les yeux, d'autres se bouchaient le nez avec des mouchoirs. Pourtant, aucun des corps n'était décomposé ou ne sentait mauvais. Le froid glacial de la Cordillère — quelques 20 à 25° au-dessous de zéro — s'était chargé de les conserver en bon état.

Une fois les premiers cadavres exhumés, il a fallu localiser les autres, en prenant soin de signaler leur emplacement. Je me rappelle que quelqu'un a commenté :

— Comme ça, il n'y aura pas de problème pour les retrouver, si notre situation venait à se prolonger.

Ensuite, à plusieurs, nous avons transporté deux cadavres à l'intérieur de l'avion, dans la cabine avant, et les avons recouverts de journaux. On les a laissés là toute la nuit à décongeler. Le lendemain matin, au lever du soleil, on a sorti l'un des cadavres, que l'on a placé sur quatre sièges, rapprochés tout exprès, à environ vingt mètres du Fairchild. Avec précaution, deux garçons l'ont soulevé légèrement et, lui levant les bras, ont enlevé son pull-over et sa chemise, le laissant nu jusqu'à la ceinture. Il n'était pas facile de le déplacer car il était rigide. Enfin, ils l'ont mis sur le ventre pour ne pas voir son visage. Au bout d'un long moment d'attente pathétique — certains regardaient sans dire un mot tandis qu'à l'intérieur de l'avion régnait un silence sépulcral —, Eugenio Grimaldi a jugé que le moment d'agir était venu.

Inutile de décrire l'horreur que chacun a éprouvée en effectuant les préparatifs de l'opération. Un groupe, qui s'était réfugié à l'intérieur du Fairchild, est venu voir à un moment ce qui se passait, mais s'est enfui aussitôt pour se cacher à nouveau, épouvanté à la vue des préliminaires macabres. S'armant de courage et surmontant péniblement ses sentiments de culpabilité, le malheureux Eugenio a tiré de sa poche un couteau, qu'il a ouvert et enfoncé d'une main ferme dans l'épaule de l'homme. En sa qualité d'étudiant en médecine, Grimaldi avait l'habitude de manier les cadavres aux cours d'anatomie de l'université de Montevideo. Grâce à quoi et bien qu'à grand-peine, il pouvait maîtriser ses nerfs et opérer avec une sérénité et un sang-froid inimaginables. Je l'observais à une distance prudente, debout près de Pablo Rey, qui priait à voix basse. Andrés Patiño, qui est également étudiant en médecine et donc mieux préparé que nous à cette terrible épreuve, assistait Grimaldi dans sa tâche. Un genou enfoncé dans la neige, Grimaldi était penché sur le cadavre, s'appuyant d'une main sur l'épaule, quasiment rouge-violet, de celui-ci. De l'autre, il maniait le couteau, taillant de larges quartiers de chair sur la peau nue, au niveau de l'épaule droite. On voyait aux efforts qu'il faisait qu'il avait beaucoup de mal à enfoncer le couteau, sans doute parce que le corps était encore congelé et la chair extrêmement dure. Eugenio a ouvert doucement la peau et l'a écartée pour dégager la masse sanguinolente qui apparaissait au-dessous. Il a commencé par pratiquer une incision rectangulaire de dix centimètres sur vingt dans l'épaule, puis a découpé des tranches très fines qu'il a ensuite déposées sur un plateau d'aluminium que Patiño avait apporté tout exprès. Ensuite, tenant le plateau, il s'est dirigé à pas lents vers un siège que les garçons avaient abandonné dans la neige, à proximité des roues de l'avion, et l'a laissé là pour que la viande finisse de dégeler au soleil. Puis il est revenu au cadavre et, avec l'aide de Patiño, l'a enveloppé d'une couverture, mettant un soin particulier à recouvrir la tête, dont le cuir chevelu pendait au bord d'un des sièges. Il s'est alors baissé pour ramasser une poignée de neige, dont il a énergiquement frotté ses mains pleines de sang, pour les laver.

Cette opération a pris environ quarante minutes, qui m'ont paru une éternité. Je l'avais vérifié personnellement, me surprenant à regarder ma montre. Elle marquait neuf heures et demie, et le travail avait commencé quelques minutes avant neuf heures, alors que le soleil était déjà haut derrière les montagnes. Ironie de l'existence ! Il faisait une journée splendide, avec une température exceptionnelle, sans doute autour de dix huit degrés, que nous avions rarement connue. Sous le ciel d'une pureté de cristal, le paysage de neige était d'une beauté incomparable, mais ni la douce tiédeur de la brise matinale, ni la splendeur quasi irréelle de ce panorama impressionnant de la Cordillère, au beau milieu des Andes, ne contribuait un tant soit peu à nous réjouir le cœur. Comment aurions-nous pu apprécier cette nature merveilleuse devant nous, quand notre âme était glacée et que, abandonnés du monde dans ce lieu solitaire, nous étions accablés par le poids d'un chagrin infini ? Pis encore, avec ce complexe de culpabilité qui nous étreignait, malgré nous ?

Ayant achevé leur pénible travail, Grimaldi et Patiño sont venus nous rejoindre, Pablo Rey et moi. Puis, l'un derrière l'autre, nous avons réintégré l'intérieur de l'avion. Les garçons étaient entassés au fond, près de la cabine de pilotage. Ils étaient là, sans dire un mot, les yeux pleins de larmes. A notre vue, certains ont levé la tête, mais personne n'a osé poser de questions.

— La viande est découpée dans un plateau, sur un siège dehors, a dit simplement Patiño à voir basse, sans commentaire.

— Celui qui le désire peut en prendre un morceau, a ajouté Grimaldi, en s'asseyant.

Seul, Oscar Echebarne a répondu, d'une voix entre-coupée de sanglots convulsifs :

— Faites ce que vous voulez. Quant à moi, je n'approuve pas un tel procédé, a-t-il commenté, enfonçant la tête entre ses genoux.

Pendant un long moment, personne n'a voulu sortir. Aucun ne voulait donner l'exemple. Patiño, enfin, s'est levé, suivi de Grimaldi, et ils sont sortis. Puis Montero, Gómez, Stern et moi leur avons emboîté le pas, par le couloir plongé dans l'obscurité. Patiño et Grimaldi, avançant dans la neige molle, se sont dirigés tout droit vers les roues avant de l'avion, là où ils avaient laissé le plateau de viande. Ils se sont approchés, ont hésité un instant, les yeux fixant le plateau posé sur le siège. Nous avons tous dû faire comme eux, à demeurer ainsi sans savoir que faire, durant quelques minutes. Nous restions immobiles, comme pétrifiés, puis Patiño a fait un pas en avant et a tendu la main droite. Il a hésité une seconde et a pris un morceau de chair dans sa main. Je l'ai entendu aussitôt prier, dans un murmure :

— Que Dieu me pardonne pour ce que je vais faire ! Seigneur, pardonnez-moi pour ce que je fais !

Entendant Patiño prier ainsi douloureusement, Montero a posé affectueusement la main sur son épaule, pour lui donner du courage, tandis qu'il s'adressait à nous tous :

— Dites-vous que c'est un peu comme la Cène, le Jeudi saint. Ce jour-là, Jésus a partagé sa chair et son sang avec ses apôtres, afin que nous ayons la vie spirituelle. Nous devons prendre la chair et le sang de cet ami mort comme s'il s'agissait de la Sainte Communion. Notre ami a offert sa vie afin que nous puissions avoir une existence terrestre, que nous ne mourions pas de faim.

Ces belles paroles de Montero nous ont profondément bouleversés et ont fini par emporter miraculeusement notre décision. Je me suis approché du siège où était posé le plateau et j'ai pris, en tremblant, un morceau de viande. C'était la première fois de ma vie que je mangeais de la viande crue, et rien qu'au contact de cette chose morte entre mes doigts, je frissonnais, plus encore en sachant qu'elle avait été prélevée sur le corps d'un homme qui avait été notre ami. Et il fallait que je passe par là pour ne pas mourir de faim ! Rien que d'y penser, j'avais des crampes à l'estomac. Mais c'était la seule solution si je voulais rester en vie ! J'éprouvais en cet instant une angoisse infinie. Je ne saurais dire ce qui l'emportait, de la répulsion à l'idée de ce que j'allais absorber ou du sentiment de culpabilité qui m'étreignait. Mais je savais qu'il ne pouvait y avoir de péché dans cet acte dégradant, puisque je le commettais contre ma volonté, poussé uniquement par la nécessité de sauver ma vie, en danger de mort.

Surmontant péniblement mon dégoût, je me suis baissé pour ramasser de la neige. J'en ai fait une petite boule, que je me suis fourrée dans la bouche en la mélangeant comme je pouvais avec un minuscule morceau de viande, que j'ai coupé en deux avec les dents. Je pensais qu'avec ce mélange, je sentirais moins le goût de l'objet répugnant que j'avais sur la langue. Je gardais l'autre morceau dans la main droite, en le serrant avec force. Mais j'ai été aussitôt pris de nausées. J'ai vite appliqué les mains sur ma bouche pour ne pas vomir. J'essayais à tout prix de dominer mes nausées, mais c'était presque impossible. J'avais beau me dire qu'il fallait que j'avale ça si je voulais vivre, que je garde à tout prix la viande dans ma bouche, fortement serrée, cela devenait de plus en plus difficile à chaque seconde qui passait. C'était indépendant de ma volonté. Une sueur froide m'inondait de la tête aux pieds, j'ai été pris de vertige et j'ai cru que j'allais m'évanouir. Soudain mon corps tout entier a été secoué de tremblements, de violentes convulsions. Mes amis ne se doutaient de rien, heureusement, car chacun était absorbé par son propre cas. J'ai dû rester ainsi plusieurs minutes, puis je me suis ressaisi progressivement. Pris de désespoir en voyant que tous mes efforts pour ingurgiter ce minuscule morceau de chair humaine dont dépendait ma vie étaient vains, je suis tombé à genoux. Et là, enfoncé dans la neige, j'ai imploré Dieu de toutes mes forces pour que, dans son infinie bonté, il vienne à mon secours et m'accorde son aide en cet instant si éprouvant. Chose incroyable, à peine avais-je achevé cette prière, que j'ai éprouvé subitement une sensation étrange : la nausée irrésistible qui m'avait saisi quelques secondes auparavant se dissipait petit à petit. J'en ai profité pour accomplir un ultime effort, surhumain, et avaler ça une fois pour toutes. Et, miracle, la bouchée descendait dans mon œsophage. J'étais sauvé ! Ma rage de vivre avait été plus forte que le dégoût et la honte qui me crispaient les nerfs à cause de cet acte monstrueux auquel j'étais contraint. Sur-le-champ j'ai rendu grâce à Dieu et, là même, j'ai prié silencieusement pour mes compagnons, afin qu'ils puissent, eux aussi, se tirer de cette terrible épreuve.

Malheureusement, certains passagers se sont refusé catégoriquement à suivre notre exemple. Deux d'entre eux ont averti qu'ils se suicideront lorsque les maigres provisions qui restent seront épuisées et si, d'ici là, les équipes de secours ne sont pas arrivées. Mon Dieu, comment les convaincre que ce serait une lâcheté ! Leur devoir est de vivre pour le bien de l'ensemble du groupe.

VENDREDI 27 OCTOBRE

Les garçons sont venus me chercher pour participer à une réunion, d'une extrême importance, m'assuraient-ils. Effectivement, elle l'était. Nous étions réunis au complet et Vicente Leonardi a pris la parole :

— Mes amis, nous devons prendre une décision : le temps s'est amélioré et il faut en profiter. Cela fait plusieurs jours qu'on attend cette occasion pour tenter une nouvelle expédition à la recherche de la queue de l'avion qui a disparu dans l'accident.

Après en avoir discuté, on est tombé d'accord pour que demain matin, si le temps le permet, trois d'entre nous se mettent en route. Il est fort probable qu'on trouvera dans cette moitié de l'avion des choses qui pourront servir et, au mieux, un peu de nourriture ; d'après López, c'est dans la partie arrière que se trouvait l'armoire à pharmacie. Si on la récupère, elle sera précieuse pour soigner les blessures de certains d'entre nous. En outre, il se pourrait que l'on retrouve les batteries de l'avion et les corps des passagers qui se trouvaient en queue et sont tenus pour disparus.

Tout le monde a applaudi à cette idée et, après un long débat, on a désigné le corps expéditionnaire. De préférence ceux qui ne souffraient d'aucune fracture et étaient le mieux en mesure de supporter l'expédition, bref les plus résistants du moment. L'excursion risquait d'être longue, sans compter les multiples risques, car personne ne savait où était tombée l'extrémité de la queue. Tout le monde voulait y aller, ce qui a rendu difficile le choix définitif. J'ai eu la grande joie d'être choisi, avec Ernesto Gómez et Joaquín Stern. Pourvu que la chance soit avec nous, car il nous en faudra.

L'équipe sélectionnée s'est couchée plus tôt que les autres, pour partir à l'aube. On a préparé les havresacs, en fourrant à l'intérieur plusieurs gros morceaux de viande, pour tenir le coup dans cette expédition à la recherche de la queue de l'avion. On a ajouté de l'eau dans la chambre à air des ballons de rugby et dans une bouteille de vin vide. Les sacs de couchage n'ont pas été oubliés non plus, au cas où il nous faudrait dormir sans abri.

Nous projetons de revenir, si nous le pouvons, dès le lendemain après-midi, bien que cela me paraisse difficile. Je me suis couché après avoir récité un « Notre Père » et demandé à Dieu le succès de notre entreprise. J'ai prié aussi pour qu'il fasse beau.

DIMANCHE 29 OCTOBRE

Enfin ! Enfin ! Hier, après deux semaines de déceptions et de tristesse, enfin un jour de bonheur ! Grâce au succès de notre mission.

Mes compagnons et moi sommes radieux, euphoriques, car nous sommes pour beaucoup dans la joie générale, dans cet optimisme si différent de la déprime d'il y a quelques jours. L'expédition a été un succès. Nous avons retrouvé la queue de l'avion ! Et dedans, ce qui est important, une quantité de choses qui nous seront très utiles.

Nous étions de retour hier après-midi, après le coucher du soleil. Nous entendant chanter, nos amis sont sortis à notre rencontre, nous accueillant en héros. Nous arrivions, débordant d'optimisme, mais complètement épuisés. Nous levions les bras pour montrer de loin les trésors découverts, et les garçons qui, depuis hier, nous attendaient avec impatience, ont compris sur-le-champ que tout s'était bien passé et couru, pleins de curiosité, pour voir ce qu'on rapportait.

— Dis-moi, qu'est-ce que tu as dans cette main ? criait Murphy, essayant de m'arracher des boîtes de conserve.

— Mais ce sont des confitures ! s'exclamaient les autres, sautant autour de moi. Fantastique, fantastique ! Vous êtes des champions !

Ils nous étreignaient et couraient en riant derrière nous, pour attraper ce qu'on avait. Beaucoup pleuraient d'émotion et de joie, pendus à notre cou, en voyant que chacun de nous était attelé, comme à un traîneau, à une valise bourrée de linge et de nourriture, et bien d'autres choses encore qui valaient bien plus que de l'or pour nous autres malheureux, affamés et perdus dans la Cordillère : cigarettes, bonbons et deux bouteilles de vin et de liqueur de cerise.

— Mon petit vieux, c'est fini, on ne va plus mourir de faim, n'est-ce pas ?

Cette phrase, on se la répétait mille et mille fois, les larmes aux yeux, incrédules.

Le soleil n'était pas encore levé derrière les montagnes, quand nous sommes partis, Gómez, Stern et moi, les trois recrues du corps expéditionnaire. Les garçons dormaient, pour la plupart. Nous avons pris congé de ceux qui étaient réveillés et enfilé le long et obscur couloir qui menait à la porte, en essayant de faire le moins de bruit possible.

— Bonne chance, murmuraient certains, quand on passait près d'eux, au milieu des couvertures.

Le froid était vif dehors, à cette heure matinale. Un peu plus de sept heures. Le vent nous cinglait le visage. Nous marchions tous les trois en file indienne. Devant, Ernesto, suivi de Joaquín et je fermais la marche. On entendait le bruit de nos chaussures s'enfonçant dans la couche neigeuse. Le gel de la nuit avait durci la surface de la neige, et chaque foulée faisait entendre un crissement de verre cassé. On avait décidé d'avancer plutôt lentement pendant la première heure, car, avec le givre, le sol était glissant comme du savon. La moindre distraction signifiait déraper et s'étaler. J'étais en train d'y penser quand j'ai vu devant moi Ernesto lever les bras et tomber sur le dos.

— Merde ! s'est-il exclamé en rebondissant dans la neige.

Nous avons eu un choc et nous sommes précipités pour l'aider à se relever.

— Aïe, mes fesses ! quel choc !

Après cet incident, plutôt divertissant, la marche se poursuivit sans accroc.

Le jour était clair, l'air transparent. Tout en avançant, j'admirais le paysage, d'une beauté indescriptible. Aussi loin que portait le regard, on apercevait devant et derrière nous un océan blanc qui s'estompait dans le lointain, montait et descendait au fur et à mesure que l'on avançait. Et, tout au fond, se détachant au milieu de montagnes abruptes, la masse imposante, gigantesque de la Cordillère. Le soleil faisait de timides apparitions, par une trouée des nuages, projetant dans la neige d'étranges reflets. Nous avons continué à avancer un long moment dans le silence pesant qui enveloppait l'atmosphère, interrompu seulement par le crissement rythmé de nos foulées.

Nous avions des chaussures de rugby, qui accrochaient bien la neige. Nous étions tous les trois très couverts et bien équipés sur le plan vestimentaire pour cette aventure : au moins cinq sweaters, prêtés par les autres, plusieurs pantalons enfilés les uns sur les autres, quatre ou cinq paires de chaussettes, pour résister au froid. Personne ne portait ses propres chaussures car, comme il nous fallait deux ou trois pointures de plus, des camarades nous avaient cédé les leurs, plus grandes. Un passe-montagne fait avec les mêmes sweaters nous protégeait la tête et, pour les mains, on avait des gants confectionnés, en ce qui me concerne, avec le dessus des sièges. Les havresacs contenant la viande étaient bien amarrés au dos avec des courroies, c'est-à-dire les ceintures de sécurité de l'avion cousues bout à bout de façon à obtenir la longueur suffisante, passées autour des épaules et fixées à la taille. Ernesto portait la provision d'eau, à l'intérieur des chambres à air de deux ballons de rugby.

Avant le départ, nous avions étudié la question et conclu que la queue de l'avion devait se trouver vers le sud. Nous avons donc pris cette direction. Vers le fond de la vallée, telles avaient été les instructions qui nous avaient été données au moment du départ.

« Elle a dû rouler et tomber devant l'avion, sur plusieurs kilomètres, dans cette crevasse. » Nous partagions tous les trois cette opinion, en regardant en bas, aussi loin que portait le regard dans ces espaces désertiques.

Nous avons fait une halte et inspecté les alentours. Il était midi passé et le soleil tapait comme du plomb sur nos têtes. Grâce à Dieu, chacun avait des lunettes fumées pour se protéger les yeux des rayons solaires. Nous sommes restés un long moment à ratisser la zone du regard, avec la plus grande attention. Pas un mètre du terrain qui échappât à notre examen, pas un détail du sol. Mais tout cela sans résultat au début ; il n'y avait rien qui pût nous mettre sur une piste. C'est beaucoup plus loin, à deux kilomètres environ plus au sud de l'endroit où nous étions arrêtés et à quelque six kilomètres du lieu qui nous servait de refuge, que notre attention a été attirée par quelque chose. Au pied d'une hauteur, on apercevait une sorte de corniche en surplomb. Simultanément, notre regard s'est fixé sur ce promontoire. Sans trop savoir pourquoi, nous avons pris cette direction.

Nous devions être à cinquante mètres environ du promontoire lorsque nous avons aperçu quelque chose qui ressemblait à des taches noires. En nous rapprochant, nous avons pu distinguer des lettres d'imprimerie : « guayenne ». Plus de doute, il s'agissait des dernières lettres de l'inscription « Armée de l'air uru », celle-là même qui figurait, tronquée, sur le fuselage ; le dernier mot avait été coupé lorsque l'avion s'était brisé en deux sous la force du choc. A demi enfouie dans la neige, comme clouée, la queue de l'avion dans lequel nous avions voyagé le 13 octobre gisait sur le flanc.

Poussant un cri, Gómez a couru comme un fou et est tombé à genoux.

— On l'a trouvée, les gars ! On l'a trouvée ! s'exclamait-il.

Stern et moi nous courions aussi, en proie à une émotion incoercible. Pour exprimer sa jubilation, Joaquín ne trouvait rien d'autre que de lancer en l'air les ballons de rugby qui nous servaient de gourdes. Je dus les lui enlever, j'avais peur qu'ils ne se crèvent et que toute l'eau se perde.

Une fois le calme revenu et allégés de nos havresacs, que nous avons déposés par terre, nous avons entrepris tous les trois un travail de titan : déterrer la queue du Fairchild. Nous avons travaillé ainsi près d'une heure à creuser un trou énorme, en rejetant la neige sur les côtés. Peu à peu, la masse de métal a commencé à émerger. D'abord une aile, puis la structure proprement dite.

Une fois la partie extérieure dégagée, il fallait à présent enlever toute la neige accumulée à l'intérieur, et, pour cela, ouvrir une brèche afin de pouvoir accéder à l'extrémité arrière de l'avion. Tâche doublement difficile, car depuis tout ce temps les chutes de neige l'avaient complètement recouverte d'épaisses couches de glace, interdisant son accès. Nous n'avions que nos mains pour opérer, ce qui rendait plus pénible encore cette mission éprouvante. Peu à peu, cependant, le trou s'est trouvé assez large pour laisser passer une grande partie du corps. Et au bout de deux heures, nous étions déjà en train de glaner une foule de choses, éparpillées sur les sièges arrière. Hélas ! notre joie s'est assombrie quand nous avons eu la désagréable surprise de tomber sur deux cadavres gisant sur le sol, près des sièges. L'un d'eux était horrible à voir avec son visage violacé et ses yeux hors de leurs orbites. En revanche, l'autre donnait l'impression de dormir, mais on voyait à sa chemise imprégnée de sang coagulé qu'il avait reçu un coup en pleine poitrine. Nous avons sorti comme nous avons pu les passagers morts pour les déposer dehors.

Huit valises étaient éparpillées tout autour. Nous les avons ouvertes une à une pour fouiller dedans. Dans l'une, nous avons trouvé plusieurs bouteilles de vin et de liqueur de cerise. Afin de nous réconforter, nous en avons débouché pour boire deux ou trois gorgées.

— Sacrée récompense pour les garçons, ils vont être fous de joie ! n'a pu s'empêcher de s'exclamer Stern, avec un enthousiasme subit, en s'essuyant la bouche avec le dos de la main. Mon vieux, les félicitations que nous allons recevoir quand ils verront ces bouteilles !

Dans un placard de l'office, nous avons trouvé deux caisses de jus de pamplemousse et d'eau minérale, plus trois paquets de maté et de thé en sachets, ainsi qu'un kilo de sucre.

D'autres valises contenaient des bonbons, des paquets de biscuits et des boîtes de conserve. Dans la plupart s'empilaient toutes sortes de vêtements et des objets de toilette : savon, rasoirs, dentifrices, parfums. Tout cela nous manquait, bien sûr, mais leur vue ne nous procurait pas la même joie que celle des aliments. Je trouvai quarante dollars dans un sac à main et Eugenio, quant à lui, découvrit dans un autre sac une somme considérable d'argent chilien — grosso modo trente mille escudos. Mais à quoi bon tout cet argent dans les circonstances que nous vivions en ce moment, affamés et perdus dans ces montagnes ?

En comptant les billets, nous avons eu, je crois, tous les trois la même pensée, non dépourvue d'une certaine ironie : Maudit fric, à quoi sert-il ?

Nous avons également fait provision de cinq cartouches de cigarettes et d'un petit assortiment de paquets d'allumettes. Mais ce n'est pas tout : dans la queue de l'avion, nous avons trouvé une armoire à pharmacie complète : médicaments, tranquillisants — on en avait tous tant besoin ! —, antibiotiques, aspirines, nécessaire de première urgence, etc. Hélas, aucune trace nulle part des batteries du Fairchild. C'était une grosse désillusion, nous avions tant misé dessus pour pouvoir communiquer par radio !

Après avoir vérifié que les moindres recoins de la queue de l'avion avaient été explorés, nous avons inspecté les alentours. Nous avons découvert, gisant dans la neige, séparés par une grande distance, cinq cadavres, dont l'un était celui du navigateur Artime, le collègue de Ricardo López. On s'était tous demandé ce qu'il était advenu de lui et où il avait bien pu tomber, car c'était le seul membre de l'équipage dont on ne savait rien. Le malheureux dormait ici du sommeil éternel, le visage vers le ciel, ce ciel d'un bleu transparent de la cordillère des Andes, qu'il avait certainement dû admirer tant de fois de la cabine de l'avion, à des milliers de mètres d'altitude.

Nous avons regagné la queue de l'avion et, comme il était trois heures de l'après-midi et que nous avions une faim de loup, nous avons préparé le déjeuner. Gómez a allumé un feu avec le bois d'une des caisses de boissons et nous avons fait rôtir légèrement la viande, mettant à profit notre bonne provision d'allumettes. La viande rôtie nous paraissait moins répugnante à avaler et nous lui avons trouvé un goût de veau. En revanche, nous faisions attention à ne pas trop la cuire afin qu'elle conserve toutes ses protéines ; quelques jours plus tôt, en effet, Grimaldi et Patiño avaient déclaré que si on voulait que la viande fasse du bien, il fallait la manger crue. Je me souviens qu'il avait dit : « Les protéines meurent à des températures élevées, et elles ne vous profitent pas autant. »

Une tranche de viande rôtie, arrosée d'une bouteille de pamplemousse que nous avons bue à nous trois, plus une cuillerée de sucre chacun en guise de dessert, nous ont fait l'effet d'un véritable festin des dieux. J'ai tenté de chauffer de l'eau pour préparer un maté dans un réchaud, mais impossible d'enflammer une allumette avec le vent qui soufflait avec force. Ernesto et Joaquín ont voulu essayer à leur tour, mais sans plus de succès.

— Laisse tomber. Ce maudit vent n'est pas uruguayen, ça se voit. C'est pourquoi il ne connaît pas la saveur merveilleuse du maté ! s'est exclamé Gómez, abandonnant l'idée de chauffer de l'eau pour préparer l'herbe.

Nous avons passé cette nuit dans la queue du Fairchild. A présent que nous étions assez couverts, nous avons fouillé dans les valises pour en retirer des châles de femmes. Nous en avons étendu sur le sol, pour qu'il paraisse moins dur, d'autres nous ont servi de couvertures pour nous protéger du froid.

Le lendemain matin, nous sommes repartis en direction de l'avion, distant d'environ six kilomètres. Chacun était attelé, comme à un traîneau, à une valise chargée de vêtements, boissons, cigarettes, sucre, une boîte de bonbons, deux boîtes de conserve, bref tout ce qui pouvait servir à nos compagnons.

Le voyage de retour s'est passé dans les rires et les chants. Nous étions radieux et débordants d'optimisme, sachant les heureux que nous allions faire avec notre chargement!

LUNDI 30 OCTOBRE

Nous sommes au désespoir. Nous avons subi une nouvelle tragédie. Alors que nous pensions avoir surmonté cette première étape de l'accident du Fairchild et que se dissipait peu à peu le souvenir de l'incertitude et de l'angoisse que ces heures effroyables avaient laissé en nous, voilà que la mort est venue de nouveau nous visiter.

Cette nuit, nous reposions tous à l'intérieur du fuselage quand une avalanche s'est abattue sur l'avion et huit de nos camarades ont péri ensevelis dans la neige. Nous étions rentrés assez tôt car il soufflait un vent violent. Il devait être environ sept heures du soir. Il avait beaucoup neigé. On entendait toutes les deux à trois minutes des coups de tonnerre tandis que la lueur des éclairs traversait, comme des projecteurs, les hublots.

Allongés sur les sièges et enfouis sous des couvertures et des plaids, les uns dormaient, les autres causaient ou jouaient aux cartes, pour passer le temps. Nous claquions des dents, le froid glacé nous transperçait les os. Juste à ce moment — par chance — je m'étais mis debout pour me dégourdir les jambes, qui étaient gelées. Soudain, j'ai vu comme deux flashes d'appareil photo qui nous éclairaient de dehors. Deux éclairs coup sur coup qui nous ont fait frémir, on aurait dit que le firmament se déchirait en deux. Aussitôt, j'ai entendu le bruit assourdissant de quelque chose de gigantesque qui dévalait, venant de très haut, et j'ai aperçu immédiatement par le hublot une énorme masse de neige qui s'abattait avec force sur nous. Elle s'est engouffrée partout, a tout englouti, sans nous laisser le temps de fuir ni de rien faire. Personne, ou presque, n'a bougé, on n'a pas entendu un cri. Tout a été si rapide !

Par chance, j'étais debout, ce qui fait que l'avalanche ne m'a pas recouvert la tête, comme ç'a été le cas de quasiment tous mes compagnons, en particulier ceux qui somnolaient sur leurs lits de fortune. Après le choc du 13, c'est la seconde fois que nous étions confrontés à la mort. Alors que j'étais un des rares que l'avalanche n'avait pas complètement ensevelis, j'ai cru moi aussi ma dernière heure venue (je sentais moi aussi ma mort imminente). Il y a eu en réalité deux avalanches, l'une après l'autre, à une heure au moins d'intervalle.

Sous la violence du choc, beaucoup d'entre nous ont été projetés, sur le dos, loin dans le couloir. Un moment pris de vertige, je suis parvenu à me ressaisir et en agitant les bras j'ai lutté avec acharnement contre la neige qui me recouvrait et qui, à l'intérieur du fuselage, atteignait peut-être un mètre et demi de haut. D'autres passagers étaient complètement ensevelis. Pendant quelques minutes, qui me parurent des siècles, j'ai lutté avec l'énergie du désespoir contre cette masse blanche qui me tenait prisonnier.

J'avais le souffle coupé et par moments je suffoquais, alors j'ai mis les mains sur ma figure et les ai aussitôt écartées, de façon à former une poche d'air. J'avais lu quelque part que c'était la méthode à employer dans un tel cas. Chaque seconde qui passait, je sentais mon corps se congeler de plus en plus, j'étais épouvanté à l'idée d'une autre avalanche et de ne pouvoir m'échapper. Je suis resté ainsi environ deux minutes. Grâce à Dieu, Gabriel Madariaga, qui se trouvait près de moi, en hauteur, m'a aidé à me libérer. Sans perdre de temps, nous avons commencé tous deux à secourir les autres.

Un grand nombre demeuraient invisibles. Nous creusions désespérément, le plus rapidement possible, sachant que ces malheureux enfouis sous la neige ne pourraient vivre que quelques secondes sans respirer. Nous ne sentions pas nos bras ni nos mains gelés, mais nous n'y prêtions aucune attention, tant étaient grands notre angoisse et notre désir de sauver nos amis. Nous donnions des coups avec les poings, les ongles, les coudes, tout ce que nous pouvions. De toute notre âme, en quelque sorte. Quand nous avions réussi à localiser ceux qui étaient ensevelis, nous dégagions leur tête, afin qu'ils puissent respirer, et sans perdre une seconde, nous cherchions les suivants pour faire de même. Pendant que Gabriel tentait d'en sauver un, de mon côté je m'occupais d'un autre.

— Par ici, viens vite m'aider, Luis! criait mon ami d'une voix défaillante et je me précipitais vers lui pour en déterrer encore un.

Nous avons pu ainsi délivrer Pablo Rey et Gerardo Teramond; mais, hélas, quand nous avons dégagé ce dernier de la neige, il était déjà congelé de la tête aux pieds. Roy Murphy, de son côté, a sauvé de la mort Carlos del Vecchia, et celui-ci à son tour a dégagé Patiño.

Quand nous en trouvions un qui avait déjà péri asphyxié par manque d'oxygène, nous le laissions sur-le-champ pour porter secours à ceux qui respiraient encore. Certains avaient uniquement les bras sortis de la neige grâce à quoi ils ont pu dégager eux-mêmes leur tête, en rejetant la neige sur les côtés avec leurs mains libres.

Quand tout a été fini, nous tenions à peine sur nos jambes, nous étions exténués. Nos vêtements étaient complètement trempés et il nous a fallu nous changer sur-le-champ, sous peine d'attraper une pneumonie. Tout était plongé dans l'obscurité à l'intérieur. On ne distinguait pas les visages dans le noir, mais on entendait le claquement des dents qui s'entrechoquaient de peur et de froid.

La seconde avalanche, une heure après, nous a tous surpris entassés à l'avant. Elle était réduite et nous y étions en quelque sorte préparés. La main dans la main, nous l'avons affrontée stoïquement, debout, avec fermeté. Le choc a été aussi violent que la première fois; mais la neige était moins dense et la masse déplacée moins haute. Grâce à quoi nous avons résisté car, si elle avait été comme la première, je doute que nous serions encore en vie, compte tenu de l'état d'épuisement dans lequel nous étions. Je crois que personne n'aurait trouvé la force de résister.

L'intérieur du « dortoir » était rempli de neige, on aurait dit un igloo où la température ambiante avait, cette nuit, chuté probablement de vingt degrés. Il ne restait pratiquement plus de place pour bouger à l'intérieur, ce qui posait un problème grave, qui nous a plongé dans une terrible angoisse. L'avalanche avait complètement submergé le Fairchild et l'air n'entrait plus du tout. Les hublots et l'entrée — que nous bouchions la nuit avec un mur de valises et de sacs pour empêcher le vent de s'y engouffrer — étaient fermés. Lorsqu'un des garçons a voulu sortir par l'arrière, il s'est rendu compte, épouvanté, que c'était impossible. La neige était dure comme du roc et l'entrée obstruée par une muraille blanche qui empêchait toute sortie. Par les hublots couverts d'une couche de glace, ne pénétrait pas le moindre souffle d'air. Par conséquent, nous n'allions pas tarder à manquer d'oxygène. Parodi, Oliveira et Isabel, pris de nausées, ont vomi d'angoisse. On pouvait à peine respirer à l'intérieur, pas seulement par manque d'air, mais aussi en raison de l'odeur fétide qui, à l'aube, commença à se dégager de certains cadavres. Pour couronner le tout, le froid vif qui régnait dans l'obscurité nous faisait uriner tout le temps, malgré nous, et comme il n'y avait pas d'autre solution que de se soulager sur place, cela ne faisait qu'accroître la puanteur. Une odeur intolérable, insupportable, même en se bouchant le nez avec des mouchoirs. Nous étions atterrés à l'idée de mourir asphyxiés par manque d'oxygène dans ce tombeau de glace, qui nous tenait prisonniers. Par chance, Horacio Montero avait une lampe. Il l'a allumée pour voir s'il n'apercevait pas quelque chose qui pourrait servir à faire une brèche dans la neige, afin de laisser entrer un peu d'air pur. Nous avons commencé à chercher désespérément quelque chose, n'importe quoi, qui pourrait nous aider à briser cette couche de glace qui recouvrait la paroi supérieure du Fairchild. Nous avons également essayé à coups de poing, mais en vain.

Tout en cherchant à tâtons avec les autres l'objet miracle, je voyais la lueur projetée par la lampe de Montero. Il y avait quelque chose de dantesque dans cette pénombre. La lampe tantôt éclairait le visage émacié, les pupilles dilatées d'un compagnon, tantôt découvrait soudain, involontairement, la tête d'un défunt, les cheveux en désordre et éclaboussés de neige, les yeux agrandis de terreur devant la mort imminente, tel que nous l'avions laissé quelques minutes plus tôt. Vision macabre qui m'oppressait et me glaçait le sang. Il me semble encore voir ce faisceau de lumière balayant dans la nuit les visages cadavériques.

Nous avons aperçu enfin, dans la pénombre, une barre d'acier de deux mètres de long. Gómez l'a prise et, la poussant contre la paroi supérieure de l'avion, l'a enfoncée peu à peu dans la neige. Il poussait de toutes ses forces et la barre, faisant un trou dans la paroi, l'a transpercée, enfin, de part et d'autre. Il a répété à plusieurs reprises l'opération et aménagé quelques trous de trois centimètres environ de diamètre, par lesquels l'air a commencé à pénétrer. Lorsque, de notre cachette dans le noir, nous avons enfin entrevu la lumière des étoiles dans le ciel, nous avons tous poussé un soupir de soulagement. Pour être francs, nous éprouvions une terrible angoisse en regardant Ernesto manier la barre. La pensée qu'on ne pourrait déblayer la neige nous remplissait d'épouvante. Nous n'avions, bien évidemment, aucune idée de l'épaisseur qui recouvrait le Fairchild. Peut-être une couche mince, mais peut-être aussi une masse énorme. Et, dans ce cas, que serait-il arrivé ? Nous serions tous morts, asphyxiés. La barre ne mesurait pas plus de deux mètres de long et il aurait été impossible de pratiquer avec elle un trou dans la neige si la couche glacée avait mesuré plus de trois ou quatre mètres de haut.

Personne n'a dormi cette nuit, tant en raison du froid qui nous glaçait jusqu'aux os que de la peur panique qui nous tenaillait à l'idée d'une troisième avalanche. Certains survivants se sont enroulés dans les couvertures retrouvées dans le chaos. Les vêtements trempés, les uns allongés sur les lits improvisés, les autres assis par terre, nous avons guetté avec anxiété la venue de l'aube, qui semblait ne devoir jamais arriver.

Le lendemain matin, j'ai pu dénombrer ceux qui avaient été tués par l'avalanche. Huit au total. Parmi eux nos amis Daniel Meraso, Vicente Leonardi et Gerardo Teramond. (Pauvre Gerardo, il semble qu'il ait eu le pressentiment de sa mort prochaine, car il laissait plusieurs lettres à sa mère !) Le mécanicien Ricardo López aussi avait péri. Nous étions plusieurs à penser qu'au moins deux ou trois d'entre eux étaient morts d'une crise cardiaque ; en effet, ils avaient été secourus très vite, et nous ne nous expliquions pas qu'ils n'aient pu rester sans respirer quelques minutes pendant qu'on les dégageait. C'était l'avis, en cette triste matinée, des étudiants en médecine, Andrés Patiño et Eugenio Grimaldi.

Aujourd'hui nous avons enterré nos malheureux camarades. Nous avons creusé des fosses dans la neige, à une certaine distance de l'avion, et les avons déposés les uns à côté des autres. Qu'ils y trouvent le repos éternel !

Malgré le découragement et notre profond chagrin après ce nouveau malheur qui nous frappait, il nous a fallu travailler dur. De très bonne heure, nous avons sorti la neige qui avait pénétré à l'intérieur de l'avion. Nous avons dû pratiquement tout recommencer de zéro. Cette maudite avalanche avait réduit en miettes tous les instruments qui nous étaient utiles et fauché une bonne partie des maigres provisions qui restaient, sans compter les bouteilles de pamplemousse et d'eau minérale qui avaient volé en éclats.

La radio ne parle plus de « l'avion uruguayen perdu dans les Andes » et certains ont le moral à zéro.

Allons-nous tous mourir ici dans la Cordillère?

JEUDI 2 NOVEMBRE

Il est huit heures du matin. Comme les autres, je me suis levé très tôt. Nous avions tous la tête de gens qui ont passé une nuit blanche; à juste raison car, cette nuit, nous sommes restés éveillés jusqu'à plus d'une heure du matin. La plupart d'entre nous sont demeurés à l'intérieur de la carlingue, allongés sur les sièges et enveloppés dans les couvertures. A l'aube, le temps était couvert et nous avons préféré rester là, en attendant une amélioration de la température extérieure. Il doit faire, en ce moment, cinq degrés environ au-dessus de zéro.

Alberto Riveros a fêté hier ses vingt-cinq ans. La rumeur de son anniversaire avait couru parmi nous depuis quelques jours et, pour nous remonter le moral, nous avions décidé de fêter doublement ce jour-là, car Carlitos del Vecchia a eu vingt ans avant-hier, le 31 octobre.

Comme je l'ai déjà dit, Riveros fait des études de droit à Montevideo pour être diplomate. Il n'est pas membre de l'équipe de rugby des Old Christians et ne faisait le voyage que pour connaître le Chili. C'est lui qui a manqué périr dans la queue de l'avion, mais avait changé de place au dernier moment. Il boite légèrement de la jambe gauche depuis l'accident et a du mal à plier le genou. Fracture du fémur, a diagnostiqué le « docteur » Grimaldi.

Carlos del Vecchia est, avec Grimaldi, le benjamin du groupe et, incontestablement, le plus croyant, le plus « dévot » de tous. C'est lui qui entame le rosaire que plusieurs récitent le soir en se couchant et le matin en se levant. Il porte au cou une multitude de médailles, de croix et même un chapelet, signes de sa foi. L'autre jour, un des garçons a voulu le plaisanter à propos de ses « pendeloques », ce qui l'a mis dans une grande fureur, et il n'a pas décoléré de toute la journée. Ç'a été aussi, je crois, un des motifs de sa querelle avec Gómez et Grimaldi qui, pour se moquer de lui, le surnommaient « le curé ». Il faut bien considérer que le climat d'incertitude et d'angoisse dans lequel nous vivons quotidiennement n'est pas particulièrement propice à la sérénité, encore moins au sens de l'humour, nous avons vraiment les nerfs en boule. Alors que Carlos se querellait avec Grimaldi, ils se sont soudain regardés en face et étreints en pleurant.

Les préparatifs de la fête ont commencé de très bonne heure, pour passer le temps. Avec les aliments qui avaient été retrouvés dans la queue de l'avion, plus quelques bouteilles de liqueur, nous avions de quoi nous remonter le moral.

Rien de mieux, pensions-nous, que de fêter ces deux anniversaires entre amis, pour oublier, ne serait-ce qu'un peu, les innombrables désillusions que nous avions connues depuis ce jour fatidique du 13. Bien sûr, la plupart n'avaient pas le cœur à rire mais chacun était bien conscient qu'il était extrêmement important d'essayer de se changer les idées.

Grimaldi, qui est doué d'une force d'âme enviable, s'est chargé de l'organisation générale, assisté de plusieurs garçons parmi les plus gais, dont les inévitables Andrés Patiño et Mario Stern, qui avaient pour rôle de nous faire rire avec leurs éternelles plaisanteries.

— Toi, tu t'occupes de réciter un poème, toi de raconter une histoire drôle et toi de faire un discours en l'honneur des héros de la fête.

Chacun contribuait ainsi à animer la réunion. Nous avons ouvert deux des bouteilles de liqueur de cerise retrouvées dans les valises et que quelqu'un — bénit soit-il! — avait eu la bonne idée d'acheter à Mendoza. En buvant, nous chantions la vieille chanson : « Prenez cette coupe, cette coupe de vin », en marquant le rythme et en nous passant de main en main la bouteille. Les verres, bien entendu, brillaient par leur absence.

Certains ont raconté de bonnes histoires, qui nous ont fait rire de bon cœur et deux garçons ont récité des poèmes. Felipe Rivera, que l'on surnomme « le Chat », est l'aîné du groupe avec ses trente-sept ans. Il a la chance d'avoir encore en vie, à ses côtés, son épouse Isabel, malgré les souffrances subies par la malheureuse, qui n'a plus que la peau sur les os. Nous l'avons surnommé ainsi parce que, comme les chats, il a sept vies. A quinze ans, il a eu un accident de moto très grave, à la suite duquel on lui a mis un œil de verre et refait la moitié du crâne avec du platine. Peu après, il a attrapé une pneumonie aux Etats-Unis et perdu un poumon. Pour finir, il a failli périr avec nous dans l'accident. Felipe a récité des vers de Juana de Ibarburú, la « Chanson à Natacha » qui commence ainsi : « Madame la lune / a demandé à l'oranger / une robe verte / et un voile blanc... », ainsi que le poème « Dactylographe » de Mario Benedetti : « Montevideo, le quinze novembre / mil neuf cent cinquante-cinq / Montevideo était verte lorsque j'étais enfant, / toute verte, avec des tramways... »

Ensuite, Carlitos del Vecchia, « le curé », nous a bien fait rire lorsqu'il s'est levé tout à coup, pour se présenter :

— Les gars, vu que personne ne m'a fait l'honneur de me présenter aux autres, bien que je sois le héros de la fête avec « le Chat », je me vois dans l'obligation de me présenter moi-même. Je vais vous réciter un poème que m'a appris mon professeur d'espagnol au collège et qui me paraît convenir parfaitement à la circonstance, puisque nous sommes en vie. Je réclame toute votre attention.

— Mais si tu nous disais d'abord le titre de ton poème? a demandé perfidement, de son coin, Andrés Patiño.

Carlos a répondu :

— « Si... »

Il allait commencer quand il a été interrompu de nouveau par Andrés :

— Vas-y, mon vieux, annonce d'abord le titre...

Ç'a été un éclat de rire général, qui a redoublé quand Del Vecchia s'est tourné, l'air furieux, pour lui répondre :

— Espèce d'ignare! Ne sais-tu pas que « Si... » est le titre d'un célèbre poème de Rudyard Kipling, idiot?

Sa sortie a été accueillie par des rires et des applaudissements, qui se sont seulement interrompus quand Carlos a commencé :

Si tu peux voir détruit l'ouvrage de ta vie
Et sans dire un seul mot te mettre à rebâtir
Ou perdre en un seul coup le gain de cent parties
Sans un geste et sans un soupir
Si tu peux être amant sans être fou d'amour
Si tu peux être fort sans cesser d'être tendre
Et, te sentant haï, sans haïr à ton tour
Pourtant lutter et te défendre
Si tu peux supporter d'entendre tes paroles
Travesties par des gueux pour exciter des sots
Et d'entendre mentir sur toi leurs bouches folles
Sans mentir toi-même d'un mot
Si tu peux rester digne en étant populaire
Si tu peux rester peuple en conseillant les rois
Et si tu peux aimer tous tes amis en frère
Sans qu'aucun d'eux soit tout pour toi

Si tu sais méditer, observer et connaître
Sans jamais devenir sceptique ou destructeur
Rêver, mais sans laisser ton rêve être ton maître
Penser sans n'être qu'un penseur
Si tu peux être dur sans jamais être en rage
Si tu peux être brave et jamais imprudent
Si tu sais être bon, si tu sais être sage
Sans être moral ni pédant
Si tu peux rencontrer Triomphe après Défaite
Et recevoir ces deux menteurs d'un même front
Si tu peux conserver ton courage et ta tête
Quand tous les autres les perdront
Alors les Rois, les Dieux, la Chance et la Victoire
Seront à tout jamais tes esclaves soumis
Et, ce qui vaut mieux que les Rois et la Gloire
Tu seras un homme, mon fils.

Quand Del Vecchia a eu terminé le poème de Kipling
— dont il m'a communiqué les paroles que je transcris ici
— les applaudissements ont éclaté pour un long
moment. Ce magnifique poème de l'écrivain anglais
nous a vraiment fait un bien immense. Après l'avoir
écouté, tout le monde s'est senti revigoré, mieux disposé
à lutter et à ne pas se laisser aller au découragement. Les
deux héros de la fête ont eu droit ensuite au « *Happy
Birthday* ». C'est alors que quelqu'un est monté sur un
siège pour demander à Riveros de dire quelques mots.
Alberto s'est levé et, tenant dans sa main droite la
bouteille de liqueur de cerise presque vide, il a porté un
toast en souhaitant bonne chance à tous et en pronon-
çant un panégyrique émouvant des amis disparus.

— Je bois à l'amitié et au soutien moral que chacun
m'a apporté. Et je bois aussi à la mémoire de nos
familles et amis bien-aimés, qui sont loin, à Montevideo
et qui, sans doute, souffrent de notre absence, certainement bien plus que nous.

Son émotion était si forte que l'on a cru, au moment
où il mentionnait ses parents, sa sœur et sa fiancée, qu'il
allait éclater en sanglots.

— Je suis sûr, a-t-il ajouté, qu'ils ont fêté hier mon anniversaire à la maison, car ma vieille a une foi très profonde ; elle sait que je suis vivant et que je pense à eux.

Nous avons gardé le silence pendant quelques instants, puis, grâce à Dieu, Alberto a changé de sujet. Ce qu'il nous a avoué ensuite n'a pas manqué de nous surprendre :

— Vous allez penser que je suis en train de fantasmer, mais je veux vous dire que j'ai eu un pressentiment lorsqu'on est monté dans l'avion, à la seconde étape du voyage. Je vous jure que j'ai eu l'intuition que le Fairchild allait tomber. Je vous le jure, les gars.

Il s'apprêtait à poursuivre, quand quelqu'un lui a coupé la parole :

— Alors, pourquoi ne l'as-tu pas dit au pilote, enfant de salaud ?

— J'aurais paru idiot. Sur quoi me baser pour oser le lui dire ?

Mais l'autre a lancé avec désinvolture :

— Eh bien, sous le prétexte que tu es un célèbre devin uruguayen.

Ç'a été un éclat de rire général. Quand le silence s'est fait, Alberto a continué :

— Comme je vous le disais, j'ai eu un pressentiment. Mais je n'en ai fait part à personne, ç'aurait été idiot de ma part. Et puis, il est bien évident que ni le pilote, ni personne, ne m'aurait cru, sans compter qu'on m'aurait pris pour un fou et qu'on se serait moqué de moi, comme vous le faites en ce moment. Au mieux, le pilote m'aurait répondu que j'étais un oiseau de mauvais augure. Plus tard, au moment de l'accident, je crois que je n'ai pas été très surpris, comme si je savais que ça devait arriver...

— Eh bien, monsieur le devin, voyons si tu peux nous dire si, oui ou non, on viendra à notre secours ? a demandé Patiño.

101

Tous les regards se sont braqués, pleins de curiosité, sur Andrés, et, tout en sachant que c'était pour rire, nous avons attendu avidement la réponse de Riveros. Au bout d'un long moment, où il a paru réfléchir, il a répondu avec conviction :

— Écoute, devin ou pas, je puis te garantir que nous sortirons d'ici.

— Mais, comment ? insistait l'autre.

Et Alberto a répondu :

— Les gars, nous devons nous convaincre qu'il n'y a qu'un seul moyen. Compter sur nos propres efforts, à chacun !

DIMANCHE 5 NOVEMBRE

Nous n'avons plus rien à nous dire ; quasiment tous les sujets de conversation sont épuisés. De quoi pourrait-on parler après ce face à face de vingt-trois jours ? Ces tronches pâles, décomposées, pas rasées, seraient risibles par leur aspect grotesque si l'on ne savait pas qu'elles sont le résultat de cette faim affreuse qui nous tenaille, de toutes ces nuits blanches. Vêtus de loques, nous avons l'air d'une bande de mendiants misérables !

Nous parlons de mille choses, qui n'ont pas de sens. Mais ce qui nous arrive a-t-il un sens, une explication ?

C'est peut-être de l'humour noir mêlé de masochisme, mais l'un de nos sujets favoris et qui, malgré tout, entretient en nous un brin d'optimisme, c'est la bouffe, les plats qui nous font rêver. Humour noir, certes. Comme si cela pouvait nous procurer du plaisir ! Certains des garçons et moi-même avons noté sur des carnets les noms et adresses des restaurants de Punta del Este dont nous nous souvenons, que nous avions l'habitude de fréquenter l'été. Je me rappelle, comme si c'était hier, la table du café où tous les membres du Club se réunissaient. Je revois le visage du serveur, notre confident, qui connaissait nos goûts et savait à l'avance le menu que chacun choisirait, en revenant de la plage. A présent que je suis si loin, l'envie me démange de m'attabler de nouveau à ce café, de serrer dans mes bras notre « blondinet » de garçon, et toute la bande de vieux copains !

Nous avons été jusqu'à noter sur un carnet la bagatelle de quinze restaurants. Élégants, sélectionnés, « chics », cela va de soi. Nous nous imaginons arrivant en voiture au bras de ravissantes fiancées et commandant la « spécialité de la maison ». Entrant dans le jeu, Riveros déclare qu'il commencerait par demander ses deux plats favoris : des raviolis et des cannellonis. Un vrai Italien !

Del Vecchia, quant à lui, rêve du « dulce de leche », ce dessert à base de lait et de noix, une spécialité de sa fiancée. Pour ne pas être en reste, j'avoue que je meurs d'envie de manger un « steak de chorizo » à la mode argentine, accompagné de deux œufs au plat. Rien que de l'imaginer, l'eau me vient à la bouche !

Il nous arrive aussi de discuter moto, c'est mon « hobby » favori. Je ne me lasse jamais de parler Gilera et BMW. De même, toutes les marques de voitures défilent, comme si l'on avait, ici dans la montagne, l'occasion de les conduire. Les uns ont une préférence pour Ford, d'autres prétendent que rien ne vaut la Chevrolet, beaucoup plus noble. Il s'en trouve même pour faire la publicité des voitures européennes et ils restent des heures et des heures d'affilée à discuter des avantages de la Peugeot, de la Fiat, de la Volkswagen et de la Volvo, de leurs systèmes de freins, de la carrosserie, de la plus grande stabilité de telle voiture, de la plus grande sécurité de telle autre, etc. J'en arrive à être rassasié de moteurs, malgré ma passion pour l'univers des écrous et des motos !

Quant au turf, une autre de mes faiblesses, rares sont ceux qui s'y intéressent comme moi tous les dimanches, de même que je n'ai guère l'occasion de faire état de mes connaissances hippiques. Et dire que je m'apprêtais à aller aux courses dès mon arrivée à Santiago!

Un des grands sujets de conversation des garçons, notamment de ceux qui font des études d'agronomie, c'est la campagne. Il est vrai que, lorsqu'on n'a devant soi pour tout spectacle qu'un manteau de neige, il est bien agréable d'imaginer de vertes prairies, des champs de blés dorés, des forêts à la senteur humide. Que ne donnerait-on pas pour apercevoir un eucalyptus, un ombu, un saule, un pin ou un araucaria? Quelque chose, n'importe quoi, de vert, un bout de pâturage...

— Je ne connais pas de plus beau métier que l'agriculture, déclare Horacio Montero, tandis que son visage semble s'éclairer.

Il a des conversations interminables avec Lamas, Parodi et ses autres condisciples. Ils parlent des nouvelles techniques pour fertiliser la terre, des machines « dernier cri », des procédés pour protéger les sols de l'érosion, des nouveaux pâturages, des meilleures façons d'engraisser le bétail. A les écouter, j'ai appris une foule de choses sur l'agriculture.

Et, pour se donner de l'importance, ils se disent gravement :

— Je t'invite à passer l'été dans mon domaine, mais uniquement pour monter à cheval et boire du maté.

Et l'« invité » de répondre :

— Je vois, tu m'invites maintenant que tu sais que je ne peux pas accepter.

Ce qui nous fait rire pendant un bon moment.

Pour passer le temps, on joue parfois au « jeu de la vérité ». Ce n'est pas une sorte d'exorcisme, comme le veut l'Église, car nous ne pensons pas être en état de péché, de même que nous ne voyons pas de péché dans ce que nous faisons, poussés par la nécessité. Ce n'est pas non plus dans une intention vaine ou naïve de purification. (Tout être doué d'intelligence ne peut que comprendre notre drame. Il suffit de penser aux atrocités commises lors de la Seconde Guerre mondiale ou de celle du Viêt-nam, où les hommes se tuent entre frères par goût en quelque sorte, sans nécessité.) Nous jouons au « jeu de la vérité » par plaisir, uniquement pour tuer le temps. Il s'agit de confesser nos péchés à voix haute en présence les uns des autres, et d'avouer des choses que jamais auparavant on n'aurait osé dire en public.

Il nous arrive parfois aussi, quand nous avons le moral, de jouer aux cartes avec un jeu qu'un des passagers a trouvé dans une valise, avec une préférence pour la brisque ou le poker. Les autres du moins, car, en ce qui me concerne, je n'aime pas beaucoup les cartes, je perds tout le temps. On en arrive à rire de ma malchance.

— Console-toi, Luis, me taquinent-ils, « malheureux aux cartes, heureux en amour ».

je leur lance alors mon jeu à la figure tandis que, pendant un bon moment, ils s'esclaffent à mes dépens.

Nous n'abordons pas trop la politique. Pour deux raisons. D'abord, parce que c'est un sujet qui, dans l'ensemble, ne nous intéresse pas particulièrement. Ensuite, c'est qu'on est tombés d'accord pour éviter dans la mesure du possible les discussions entre trois des garçons qui sont sympathisants de partis politiques opposés, car chaque fois que le sujet est abordé, ils commencent à se chamailler. Nous comprenons que cela ne sert qu'à rompre l'harmonie si nécessaire à l'ensemble du groupe et nous préférons nous taire à chaque fois qu'Horacio Montero, Pablo Rey et Ernesto Gómez se lancent dans une discussion. Montero est un admirateur fanatique de Wilson Ferreira Aldunate, un libéral blanc, contrairement à Rey dont les sympathies vont au Partido colorado (métis). Gómez, de son côté, proclame à qui veut l'entendre son adhésion au parti socialiste dont le programme, selon lui, est le seul en mesure de faire progresser le pays, de le sortir de la misère et de la paralysie économique et, surtout, d'éviter la corruption des chefs politiques.

— L'Uruguay doit suivre l'exemple du Chili, proclame-t-il, et opérer une réforme agraire radicale, comme Salvador Allende est en train de le faire, c'est-à-dire en poursuivant ce qu'à commencé Eduardo Frei, l'ancien président démocrate chrétien. C'est seulement ainsi que l'on en finira avec les grands domaines de ces messieurs qui, au lieu de travailler la terre pour le bien du pays, se promènent en Europe l'été, le ventre au soleil, pendant que le peuple meurt de faim. Mais, évidemment, ce n'est pas pour plaire à beaucoup d'entre vous! Vos papas chéris sont de grands propriétaires et font dans leur culotte à l'idée d'une réforme agraire!

En ce qui me concerne, je ne me sens pas visé par le « discours » de Gómez et sa franchise me fait pleurer de rire; mais ce n'est pas le cas des « grands propriétaires de domaines », Parodi, Echebarne, Montero et Lamas, qui le prennent très mal. C'est pourquoi, sachant que c'est un sujet délicat, propre à attiser les passions, nous préférons l'écarter pour éviter les heurts.

Quand il ne reste plus de sujet de conversation, ni rien d'autre à faire pour passer le temps, nous nous laissons aller de nouveau à la morosité, ou bien nous demandons à Andrés Patiño de nous remonter le moral. C'est le plus blagueur de tous et il a un répertoire inépuisable d'histoires drôles et d'anecdotes. Nous nous asseyons autour de lui et le « clown » Patiño commence avec force grimaces et contorsions :

— Voyons, l'histoire du perroquet ou du juif, vous la connaissez?

Comme cela nous fait du bien de rire!

JEUDI 9 NOVEMBRE

Dans quelques jours, cela fera un mois que nous sommes enfermés à l'intérieur du fuselage, le « tombeau d'acier », comme nous l'avons baptisé. Nous sommes las de voir la neige, rien que la neige. Chaque fois que je sors, j'ai l'impression de me trouver dans une sorte de purgatoire blanc, condamné à y séjourner je ne sais combien de temps encore, pour une faute que nous n'avons pas commise. Malgré tout, grâce au soutien moral que chacun apporte aux autres, notre état psychologique n'est pas si mauvais que cela, compte tenu de la série de malheurs qui nous ont accablés. Moi surtout, qui ai souffert la perte de deux êtres chers : ma mère et ma sœur María.

Quand on se lève le matin et que l'on regarde alentour, on est vraiment saisi, impressionné par la blancheur de la Cordillère, son silence et sa majesté. On se sent tout petit, seul; absolument, désespérément seul, face à soi-même, comme sur une autre planète.

Nous avons le visage tanné et séché par le soleil de la montagne. Les lèvres gercées, les cheveux sales et graisseux, les vêtements élimés. Pour nous protéger des brûlures du soleil, nous passons sur nos lèvres les bâtons de rouge trouvés dans les sacs des femmes, et ceux qui n'avaient pas de lunettes fumées s'en sont confectionné ingénieusement. Nous avons des brûlures aux jambes et aux mains, et surtout aux lèvres, occasionnées par le gel. Quelques-uns souffrent de lésions à la cornée, dues à la réverbération du soleil. Comme Martín Lamas, à l'œil droit. Patiño lui a recommandé de se bander les deux yeux et de rester comme ça, sans s'exposer à la lumière, quelques semaines, pour éviter que son affection ne s'aggrave.

Nous avons tous de la barbe, et les cheveux jusqu'aux épaules. Nous ressemblons à des hippies. Certains ont pu se raser, plus ou moins bien, avec des rasoirs qu'ils avaient. Mais, dans l'ensemble, nous préférons nous laisser pousser la barbe, car elle nous protège la peau contre le froid de la Cordillère. Et puis, à quoi bon se soucier de notre aspect physique ? Il nous arrive parfois, en nous regardant, de rire de nos têtes ridicules et extravagantes. Un bon bain nous ferait tant de bien !

Hier, Isabel, la femme de Felipe Rivera, est morte. A vrai dire, je suis surpris moi-même de l'indifférence apparente avec laquelle je relate ce fait dans mon journal, en ce moment. La mort nous est devenue maintenant si familière que nous avons fini par l'accepter comme une visite, peu désirée certes, mais habituelle, quasi quotidienne.

Isabel, la dernière femme qui nous accompagnait, est probablement morte d'une pneumonie aiguë. Tel a été le diagnostic d'Eugenio Grimaldi comme d'Andrés Patiño. Pauvre petite ! Elle s'était refusée jusqu'au dernier moment à se nourrir des corps des passagers morts et, malgré les supplications de Felipe Rivera, son époux, et en dépit de tous nos efforts, à Gómez et à moi-même, pour la convaincre de changer d'avis, rien n'y a fait. Elle a passé les dernières nuits, serrée contre Felipe, à pleurer en priant et demandant pardon à Dieu pour le péché que, selon elle, nous commettions.

— Tu te trompes, mon amour. Tu dois changer d'avis pour rester en vie, lui disait Felipe à ses côtés, les larmes aux yeux.

Mais elle n'entendait déjà plus, elle était très faible et respirait à peine.

Pauvre Felipe ! Il est inconsolable d'avoir perdu sa femme ! Après ce nouveau décès, nous ne sommes plus que dix-sept survivants.

Chaque fois que le temps le permet, les garçons partent en reconnaissance dans les environs immédiats, à la recherche de secours. Nous avons déjà organisé trois expéditions, qui ont malheureusement échoué. La dernière était composée d'un petit groupe de quatre, mais alors que l'on commençait à y croire, nous les avons vus revenir, affamés et exténués.

D'abord, comme ils ne revenaient pas, nous avons pensé qu'ils avaient franchi le sommet le plus haut de la chaîne montagneuse que l'on aperçoit de la fosse qui nous tient captifs, et qu'ils avaient passé de l'autre côté.

Ce qui signifiait avoir triomphé de la première ascension, la plus abrupte et donc la plus dangereuse. Mais, hélas, il semble que jamais nous ne serons en mesure de vaincre la hauteur vertigineuse de ces pics.

Quels vaillants gamins! Ils sont arrivés morts de fatigue et nous ont raconté leurs trois jours d'escalade avant d'atteindre le premier sommet. Cette difficulté nouvelle pour gravir la montagne, notre seule chance de sortir d'ici pour parvenir à un endroit habité et demander de l'aide, nous a prouvé que seuls les plus résistants peuvent faire ce type d'excursion. Sinon, nous succomberons, irrémédiablement. L'un des garçons partis avec l'expédition a attrapé une insolation et a failli ne pas revenir. Il avait la figure cuite, couverte d'ampoules. Le malheureux n'a fait que pleurer presque toute la journée. Il n'arrive pas à se résigner à l'échec.

— C'est ma faute si nous sommes revenus, répète-t-il sans cesse, mais je vous jure que j'étais incapable de faire un pas de plus, je n'en pouvais plus. J'ai dit aux garçons de continuer sans moi, de ne pas s'en faire et de me laisser dans la neige, mais ils n'ont pas voulu et ont préféré revenir.

Le temps s'est amélioré et les tempêtes de neige se font plus rares. La température également est montée de quelques degrés, ce qui bien sûr nous enchante. C'est peu mais assez pour diminuer les souffrances que nous avons endurées avec ce froid épouvantable des premières semaines. Peut-être aussi, c'est même sûr, nous avons dû nous habituer progressivement à la température glaciale qui sévit dans ces hauteurs. Peu importe la raison, une chose est certaine, nous souffrons moins du gel.

A propos du temps, nous en avons beaucoup discuté pour arriver à la conclusion que, s'il persiste, c'est un excellent augure pour les prochaines expéditions. En fait, notre vie dépend en quelque sorte pour beaucoup du baromètre. Le problème majeur quand il s'agit d'organiser une expédition, c'est de passer les nuits à la belle étoile par mauvais temps. Pour être franc, chacun craint de ne pouvoir résister au froid. Car combien de jours et de nuits faudra-t-il marcher jusqu'à la précordillère, c'est-à-dire la zone montagneuse où finit la neige, c'est le grand point d'interrogation. Et nul n'ignore, par ses lectures et son expérience ici même, que rien n'est plus facile que de mourir congelé. Par conséquent, la clé du succès de toute mission étalée sur plusieurs jours, et qui oblige donc à dormir à la belle étoile, consiste à vaincre cet obstacle, majeur pour nous. Un autre point qui, à beaucoup, semble aussi, sinon plus difficile, est l'effort que représente la marche dans des kilomètres et des kilomètres de neige, avec des montagnes à gravir, sans direction bien définie.

Mais à quelle distance est-on des contreforts de la Cordillère ? Combien de jours faudra-t-il pour les atteindre ? C'est l'éternelle question que nous nous posons, sans trouver de réponse.

Les premiers jours, nous pensions que l'avion était tombé dans la précordillère. Les indices, et les calculs que nous avons effectués au début, nous le donnaient à penser. Toutefois, au fil des semaines, il nous est apparu que nous devions être beaucoup plus haut. Sinon, comment expliquer que les monts qui nous entourent soient aussi inaccessibles ? Par ailleurs, une chose qui nous a tous frappés et nous a conduits à cette conclusion, c'est le fait, à vrai dire étrange, que l'on n'ait aperçu aucun condor. Ni moi ni personne n'en avons repéré dans les alentours, ni près de l'avion ni au cours des expéditions qui nous ont menés jusque sur les monts voisins.

Tout de suite après l'accident, nous avions cru que des bandes de condors passeraient au-dessus de nos têtes. Comme chacun sait, ces rapaces sont attirés par la présence de proies éventuelles. Pourtant, ni les premiers jours ni après, ils n'ont donné signe de vie. Nous devons être très loin, à une altitude énorme, au cœur même de la cordillère des Andes. Cela ne fait aucun doute.

Ainsi s'expliquerait cette absence absolue de tout type de vie.

Certains des garçons, et moi-même, sommes partis plusieurs fois à la chasse avec l'unique arme en notre possession, le revolver du pilote. Mais que chasser quand il n'y a ni quadrupèdes ni oiseaux dans ces immensités désertes?

LUNDI 13 NOVEMBRE

Il y a aujourd'hui un mois tout juste que l'avion est tombé. Ce matin, j'ai été faire une prière pour maman et pour ma sœur María, là où elles reposent toutes deux, en compagnie de plusieurs amis.

Ce matin, à l'aube, le ciel était couvert mais, en dépit de fortes bourrasques de neige, il ne semble pas que le temps doive dégénérer en tempête. Le souvenir de la date tragique et la grisaille du jour nous ont mis le moral à zéro. Nous avons beau essayer de bavarder et faire toutes sortes de projets pour le jour où nous retrouverons la civilisation, la vérité est qu'il ne nous reste plus de sujets de conversation. Une nouvelle expédition avait été projetée, mais il a fallu y renoncer à la dernière minute par crainte d'un nouvel échec, à cause du temps menaçant.

J'ai passé des heures et des heures à réfléchir. C'est étrange, mais cette tragédie, ou mieux, le fait même d'y avoir survécu, a représenté pour nous une expérience incroyable. Qui aurait jamais pu imaginer qu'un tel choc nous transformerait autant!

J'en ai discuté avec les garçons et chacun est d'accord pour reconnaître que sa façon de penser, de juger, a changé du tout au tout après avoir passé par ces épreuves terribles. Par exemple, ici dans l'avion, il y a beaucoup de choses qui ne nous sont plus d'aucune utilité et qui, pourtant, hier encore, représentaient beaucoup pour tous les passagers. Sans aller plus loin, dans les « sociétés civilisées » comme on les appelle, l'homme se tue à gagner de l'argent, car il sait qu'il peut conquérir le monde avec. Mais à nous, ce fric, à quoi nous sert-il ?

Les valises qui restent sont bourrées de dollars, de pesos uruguayens et d'argent chilien, mais personne ne leur accorde la moindre importance. Notre sens des valeurs a totalement changé avec cette odyssée. Nous savons, bien sûr, que l'argent a un pouvoir relatif ; mais il faut avoir expérimenté ce choc intérieur pour bien le comprendre, pour en saisir toute la portée. Ici dans la montagne, il est une chose, entre autres, que nous avons apprise, c'est à apprécier la vie, à prendre conscience de sa beauté, et du prix de l'existence de chaque être humain. En bas, comme chacun sait, personne ne se soucie ni ne se préoccupe de personne, même en sachant qu'il dépend de nous de sauver une femme ou un homme. En revanche, ici dans ces hauteurs, nous avons tant lutté pour essayer de sauver la vie des autres ! Et que de larmes de douleur et d'impuissance avons-nous versées face à l'inévitable !

Je me rappelle à ce propos le chagrin d'Eugenio Grimaldi quand l'avalanche a tué l'homme à qui on avait retiré une tige de métal dans l'estomac et qu'il avait opéré par la suite. C'était une très vilaine blessure. Eugenio s'était ingénié à remettre l'intestin en place, puis à désinfecter et à bander la plaie. Personne dans le groupe ne pensait que le malade guérirait, surtout au début. Et pourtant, Grimaldi avait réussi à le remettre sur pied. Et il était à peine rétabli qu'est survenue l'avalanche qui l'a englouti. Eugenio ne parvenait pas à s'y résigner et quand on a enterré le malheureux, c'est lui qui pleurait le plus :

— Il allait bien, nous l'avions sauvé.

Il ne disait pas « je l'avais sauvé » alors qu'il était tout à fait en droit de le faire. Non, il englobait tout le monde, comme si les autres, qui n'avaient participé en rien au rétablissement du malade, avaient collaboré avec lui pour le sauver.

Ces nobles exemples d'amour du prochain, plus que rares, comme chacun sait, dans les villes dites « civilisées », sont ce qui permet de puiser de la force dans notre faiblesse, de nous fortifier intérieurement. Ces mêmes exemples ont contribué à créer parmi les passagers des liens solides, qui nous ont aidé puissamment à aller de l'avant, à ne pas plier devant l'infortune. L'existence en commun dans cette carlingue nous a fortement unis et nous a permis de comprendre que c'est dans les moments durs que les hommes ont le plus besoin de s'entraider. Ici chacun prend conscience que la vie d'autrui est aussi importante que la sienne propre. En revanche, là-bas, les gens civilisés s'entre-tuent ! Et nous assassinons, sans motif apparent, nos propres frères !

DIMANCHE 19 NOVEMBRE

Je commence à en avoir marre, plus que marre de la neige ; les autres aussi. Sortir chaque jour de ce refuge, de cette résidence improvisée, l'« hôtel » comme on l'appelle, et ne voir alentour que ce suaire blanc devant moi, montant presque jusqu'au ciel, ça me tape sur les nerfs, ça me met de mauvaise humeur, ça me déprime complètement. Et, en dépit de ma force intérieure, j'ai peur que cela ne devienne une véritable névrose. Je ne dis rien à mes compagnons pour ne pas les inquiéter. Mais je sais bien qu'eux aussi doivent éprouver le même sentiment.

D'un autre côté, l'idée de demeurer à l'intérieur de la carlingue pour ne pas voir le paysage, ce panorama de la Cordillère avec ses monts enneigés qui, en d'autres circonstances, me paraîtrait d'une telle beauté, me remplit d'angoisse, représente pour moi une horrible torture. Que faire, mon Dieu, que faire, pour lutter contre cette sensation de dégoût, de lassitude mentale, et cette solitude effrayante qui me colle à la peau, s'empare de mon cerveau ?

Une chose étrange, que je n'arrive pas à m'expliquer. Jusqu'à hier, je recherchais la compagnie de chacun de mes camarades, elle m'était indispensable, j'avais besoin de leur contact, de sentir leur chaleur humaine. A présent, contre toute logique, j'éprouve une envie surprenante de fuir, fuir loin d'ici et ne plus voir personne. Non, non, non, ce n'est pas que j'aie envie d'être seul. Pour rien au monde ! Ce qui se passe, c'est que j'en ai marre de voir les mêmes figures, de capter dans leur regard une expression de tristesse, de chagrin profond. Ne serait-ce pas parce que je comprends que je reflète cette même expression d'immense souffrance ?

Que fait mon père bien-aimé en ce moment ? Aujourd'hui, c'est dimanche. Il est trois. heures de l'après-midi. L'heure où, avant, il s'asseyait dans son fauteuil favori près de ma mère, qui tricotait un pull-over, tandis que María, ma sœur chérie, regardait en riant ses programmes préférés à la télévision. Pendant ce temps, j'arrangeais ma moto dans la cour, les mains tachées d'huile et de graisse.

Qu'il doit se sentir seul et mélancolique à présent, en pensant à nous et en me croyant mort ! Pauvre vieux père, comme tu me manques, et la maison aussi ! Et dire que tu ignores où je suis maintenant, et que maman et María ne sont plus avec moi !

Je pense qu'il me croit mort, ma famille aussi. Et probablement vont-ils à l'église prier pour nous trois et déposer des fleurs au cimetière, dans un geste symbolique, dans le caveau de nos ancêtres. Vêtus de deuil, ils pleurent silencieusement. Sûrement qu'ils ont publié des avis de décès, et que ma famille a déjà reçu des lettres de condoléances et fait dire des messes pour notre âme.

Que c'est étrange, voilà que me vient à l'esprit une drôle d'idée, plutôt macabre, si jamais nous sommes sauvés et que je retourne en Uruguay : dire que j'ai péri et que je suis une autre personne, ou faire comme Mathias Pascal, le héros du roman de Luigi Pirandello. Me faire passer pour un inconnu et parcourir le quartier en demandant des nouvelles de « ce pauvre jeune garçon, Luis Paredes, qui a péri tragiquement dans l'accident d'avion de la cordillère des Andes ». Ce serait une expérience intéressante, pour savoir ce que les gens pensent vraiment de moi car, comme chacun sait, c'est derrière leur dos que chacun dit avec franchise ce qu'il pense des autres. Il vaudrait la peine de tenter cette expérience, quoique non... Peut-être que, malgré moi, j'éprouverais une désillusion cuisante sur ma personne. Et je me pose la question : est-ce que c'est possible seulement ? Bah, quelle bêtise ! Comme s'il m'était possible de me présenter devant mes amis et d'essayer de les abuser, en me faisant passer pour un autre ! Bon, mais si Mathias Pascal l'a fait, pourquoi pas moi ?

Je crains que mon père, trouvant la maison trop grande, nous absents, n'ait voulu changer d'appartement pour en prendre un plus petit. A-t-il transformé ma chambre, ou la sienne à présent qu'il est seul ? Et qu'a-t-il fait de mes posters, des photos de filles qui tapissent mes murs ? Et ma moto, l'a-t-il mise en vente ? Se trouve-t-il en ce moment devant son magasin, ou participe-t-il aux secours avec les parents des autres jeunes gens ?

Avec mes compagnons, nous avons échangé nos impressions : que dira la presse si elle vient à savoir que nous nous nourrissons des corps des passagers morts ? Quels seront les commentaires d'*El Día*, *d'El País*, et des journaux des autres pays, si nous sommes sauvés ? J'imagine déjà la horde des journalistes à nos trousses pour obtenir des entretiens et nous poser des questions sur la manière dont nous avons survécu pendant tout ce temps.

Que leur dirons-nous ?

VENDREDI 8 DÉCEMBRE

Notre situation devient insoutenable. Si nous ne prenons pas une décision dans l'immédiat, si nous ne risquons pas une nouvelle expédition, si téméraire soit-elle et dût-elle conduire au pire, nous allons tous devenir fous. Je l'ai dit à Eugenio Grimaldi, je préfère mille fois braver la mort, aller au-devant d'elle, plutôt que d'attendre qu'elle vienne nous cueillir l'un après l'autre, sans même savoir qui elle choisira la prochaine fois.

Si je parle comme ça, c'est que cette nuit un des nôtres s'en est allé.

Cette fois c'était le tour d'Oscar Echebarne, le Basque, comme on l'appelait affectueusement. Quel grand bonhomme! De tous ceux qui composaient notre groupe, maintenant restreint, il était incontestablement celui qui dégageait la plus grande force d'âme, comme aussi le plus robuste physiquement. Mais le malheureux a fini par succomber, même si, jusqu'au dernier moment, il a montré une force de caractère et une résignation chrétienne extraordinaires, tout en connaissant parfaitement son sort. Il avait une blessure épouvantable à la jambe gauche, qui allait jusqu'à l'os.

Quand donc finira ce calvaire, de voir ainsi notre groupe s'amenuiser sans rien pouvoir faire? Ce qui nous accable le plus, c'est notre impuissance. Il y a eu une pause dans notre chemin de croix, et voilà qu'une fois de plus, nous assistons les larmes aux yeux à l'enterrement d'un ami qui nous quitte. C'est impossible à décrire! Certains garçons ont péri dans mes bras, d'autres dans ceux de mes compagnons.

Carlitos del Vecchia, surtout, pleure le départ d'Oscar. Il se sent un peu responsable, car c'est lui qui lui avait fait miroiter ce voyage au Chili, quand il ne restait plus que trois places disponibles dans le Fairchild.

— C'est ma faute, c'est ma faute! ne cesse de répéter Del Vecchia.

Il restait de longs moments à parler avec le Basque, d'agriculture, des fromages qu'ils dégusteraient dans la ferme familiale, des randonnées à cheval qu'ils feraient en compagnie de ses cousins et des chasses à la perdrix et au lièvre qu'ils organiseraient ensemble, à l'approche de l'été.

Nous savions que sa fin était proche, qu'elle était inéluctable, que déjà les deux jambes étaient gelées. Nous l'avons compris quand il a commencé à délirer. Nous en avions tant vus partir que nous savions comment cela se passe! D'abord, le malade s'affaiblit progressivement. Puis viennent inéluctablement deux jours de délire, de phrases incohérentes, sans aucun sens, il parle d'une croisière sur un bateau ou de l'été à Viña del Mar. Il répète inlassablement les mêmes choses jusqu'à ce que, le troisième jour, il remette son âme à Dieu.

Pendant qu'il délirait, Del Vecchia lui a pris la main et a récité avec lui un « Notre Père ». Le cœur brisé, nous assistions, silencieux et la tête baissée, à cette scène poignante qui se répétait pour la énième fois. Ce furent les derniers instants de lucidité de notre ami très cher. Il est mort cette nuit.

DIMANCHE 10 DÉCEMBRE

Cette nuit est, j'en suis sûr, la dernière que je passerai ici à l'intérieur de l'avion, la dernière aussi de mes compagnons Eugenio Grimaldi et Ernesto Gómez. La décision a été prise d'un commun accord, à l'issue d'une réunion. Quel sera notre sort? Nous n'en avons aucune idée. Mais la décision est prise et, malgré tous les risques que cela implique, je ne crois pas qu'il soit moins dangereux de rester à l'intérieur de ce refuge, indéfiniment.

Après avoir étudié le pour et le contre de cette aventure qui a été fixée à demain, nous sommes tombés d'accord que c'est la solution la plus sage. Que gagnerait-on à attendre plus longtemps ? Rien puisque aucun avion ne viendra plus, encore moins des équipes de secours. Cela fait déjà de longues semaines que l'on a annoncé à la radio que les recherches ne reprendraient qu'en février et, nous avons beau essayé de le nier, il s'agit là d'un fait indiscutable que nous avons complètement occulté. Nous sommes portés disparus aux yeux du monde et il semble, hélas, que nos familles partagent désormais cette conviction. Par conséquent, nous ne pouvons plus compter que sur nous-mêmes pour sortir de ce tombeau maudit tant qu'il est encore temps, demain il sera trop tard.

Il me semble improbable, quant à moi, de survivre un mois de plus et je redoute beaucoup que nous perdions la tête, que la folie nous gagne, puisque, chaque jour qui passe, nous nous sentons plus faibles. Déjà nos nerfs craquent. Pour être franc, et comme je l'ai dit à tout le monde, plus le temps passe, plus notre situation est désespérée. Sur ce point, je ne suis pas d'accord avec certains camarades qui estiment qu'il vaut mieux attendre, sinon jusqu'en février, du moins jusqu'aux premières semaines du mois prochain. Ce sera alors le début du dégel, et il nous sera plus facile de marcher dans la neige, sans compter que la température sera plus clémente et que nous la supporterons mieux, surtout les nuits de mauvais temps à la belle étoile. Je leur rétorque qu'en plus de la menace de dénutrition totale et définitive qui plane sur tous ceux qui tiennent à peine sur leurs jambes, comme Roy Murphy et Santiago Cherro, il peut se présenter d'ici là un problème particulièrement grave. Un problème qui ne se pose pas maintenant, grâce à Dieu, mais qui peut nous tomber dessus en janvier ou février avec le dégel.

Le problème est le suivant : à l'approche de l'été, lorsque la neige va commencer à fondre sous l'effet de la chaleur, l'avion, actuellement calé par la neige qui a arrêté sa course vers la mort, au moment du choc, va perdre cet appui et que va-t-il se passer alors ? Il roulera jusqu'au bas de la pente et tombera dans le précipice.

A supposer qu'étant sur nos gardes, nous parvenions à nous sauver tous, cela signifierait rester sans abri, autrement dit dormir obligatoirement en plein air. Et qui d'entre nous serait capable de résister à plus de deux ou trois nuits, avec ce froid glacial, sans risquer de mourir congelé ?

Oui, il s'agit là d'une probabilité très sérieuse qui plane sur nos têtes, et nous devons l'éviter. Sans compter que nous serions amenés à perdre également tout ce qui nous reste — valises, couvertures, vêtements, chaussures, boissons, conserves et le reste de nos provisions. En outre, il serait plutôt optimiste de supposer que nous resterions simplement sans abri ; en effet, il peut très bien arriver que l'avion se mette à glisser la nuit, pendant notre sommeil. En termes clairs : cela signifie inéluctablement la mort.

Nous en avons discuté des heures et la conclusion est catégorique : nous devons partir de toute urgence chercher du secours.

Aucun d'entre nous n'ignore, bien entendu, que beaucoup d'autres expéditions ont échoué, et que plusieurs passagers qui étaient partis seuls ont disparu à jamais. Mais, à présent, nous pourrons tirer la leçon de nos précédents échecs. Si les dernières expéditions ont échoué, peut-être est-ce, entre autres, parce que nous n'étions pas assez préparés physiquement. Et comment aurions-nous pu l'être ! Cependant, pour compenser en partie la restriction de notre alimentation, nous faisons depuis quelques semaines de la gymnastique tous les matins. Cela contribue à nous réchauffer et à nous dégourdir les muscles, mais aussi à nous maintenir en forme. Chaque fois que le temps le permet, nous autres les mieux portants, nous courons à petites foulées dans la neige autour de l'avion pendant un long moment, jusqu'à ce que nos jambes affaiblies crient grâce.

C'est pourquoi j'estime que maintenant nous sommes entraînés pour une randonnée de plusieurs jours. En outre, tous les autres survivants l'ont reconnu, les trois qui ont été sélectionnés pour cette expédition sont les mieux portants. A ce propos, j'estime que nous avons été parfaitement honnêtes avec nous-mêmes, car il ne s'agissait pas non plus de laisser partir, par esprit de groupe, quelqu'un qui ne se sentirait pas solide, rien que parce qu'il désire nous accompagner.

Nous avons été très clairs sur la grande responsabilité de celui, quel qu'il soit, qui se lance dans cette nouvelle expédition. Nous trois — Grimaldi, Gómez et moi-même — en sommes pleinement conscients. Je veux parler de la charge que représenterait pour les autres celui qui se sentirait mal à mi-parcours. Que ferions-nous de lui? Il nous faudrait, la mort dans l'âme, l'abandonner dans ces étendues solitaires. Revenir avec lui, comme cela est déjà arrivé, serait reconnaître notre échec.

Ce sera sans aucun doute une expédition sans but précis, comme les autres, dans laquelle il s'agira seulement de marcher, marcher, marcher sans arrêt jusqu'à ce que nous trouvions de l'aide, où que ce soit.

— Dieu nous aidera, a dit Grimaldi à ceux qui restaient. Si nous ne revenons pas, cela voudra dire que la mort nous a surpris dans la montagne.

— Dans ce cas, a ajouté Gómez, n'oubliez pas qu'une autre expédition est prévue pour le 8 janvier. Si d'ici là nous n'avons pas donné signe de vie, ne nous attendez plus. Qu'un autre groupe constitué par les plus solides se mette en route.

Oui, c'est ce que nous avons décidé. Si nous succombons tous les trois dans cette dure entreprise, une autre caravane devra partir d'un autre côté, car cela voudra dire que nous n'avons pas pris la bonne route.

Eugenio, toujours convaincu que l'ouest est la bonne direction, assure que la boussole de l'avion nous sera utile pour nous orienter.

— Le Chili est vers l'ouest, ne se lasse-t-il pas de répéter.

Aujourd'hui, nous étudions jusque très tard toutes les données en notre possession, avec l'aide de la carte et du plan de vol du Fairchild. Je ne sais combien de fois nous avons déjà étudié la carte ! D'après nos calculs et l'opinion de la majorité, l'élément le plus concret est que nous nous trouvons à la hauteur de Curicó, et que cette ville chilienne devrait se trouver à l'ouest par rapport à l'emplacement de l'avion. Il n'y a rien de plus angoissant que de ne pas savoir où on est ! Mais avec la carte et la boussole, nous nous débrouillerons. Vers l'ouest, encore vers l'ouest, toujours vers l'ouest, telle est notre consigne.

Un problème auquel nous attachons la plus grande importance est de savoir comment nous passerons les nuits en cas d'intempéries. Rien que d'y penser, nous en avons la chair de poule. Nous sommes parfaitement conscients de l'énorme risque que nous courons à dormir dans la Cordillère hors d'un abri.

Pour vaincre cet obstacle, nous confectionnons trois sacs de couchage avec le rembourrage du matériau synthétique qui protégeait les conduites du système de chauffage de l'avion. Chacun, bien entendu, a son sac. Nous les avons essayés, en rentrant dedans, et en nous étendant sur la neige, pendant plusieurs heures. Ils sont réellement fantastiques ! Ils vous procurent une chaleur incroyable ! Grâce à ces sacs, nous sommes sûrs de ne pas avoir froid. Pour les coudre, on s'y est tous mis et il a fallu trois jours pour les fabriquer.

Les ceintures de sécurité du Fairchild nous ont servi de courroies pour attacher les sacs de couchage et les havresacs. Pour marcher dans la neige et éviter de nous enfoncer jusqu'aux genoux, nous utiliserons les coussins de l'avion, que nous avons essayés avec un bon résultat. Ils nous permettront de moins nous fatiguer et de progresser plus rapidement, car rien n'est plus pénible que d'avancer dans la neige molle et spongieuse. Il faut considérer qu'elle a une épaisseur de deux mètres au moins dans cette zone et dans les endroits que nous avons parcourus au cours des quatre explorations des semaines passées. Nous attachons solidement les coussins aux souliers de rugby.

Quant aux vêtements, nous sommes bien équipés avec des ponchos confectionnés avec les housses des sièges, cousues bout à bout. On n'a pas lésiné sur les sweaters. Il a été décidé que chacun en mettrait au moins quatre et trois pantalons le plus épais possible. Pour ce qui est de la nourriture solide, nous préférons ne pas trop nous charger, pour éviter de nous fatiguer. Nous prenons de quoi tenir une semaine, car nous espérons qu'il n'en faudra pas plus pour atteindre un village où trouver du secours. En plus de la viande, nous emportons une boîte de lait concentré, deux boîtes de confiture, un flacon de whisky, une demi-bouteille de vin et trois litres d'eau. C'est en grande partie la ration quotidienne des garçons, mais ils ont sacrifié leur part pour que nous ne manquions de rien.

Tout, absolument tout, est prêt, et le départ est prévu pour demain matin à l'aube. C'est la cinquième expédition et, comme les autres, nous ne savons pas si elle nous conduira à la vie ou à la mort. Au total, tout ce qui peut nous arriver ne peut pas être pire que les malheurs que nous avons déjà subis !

MARDI 12 DÉCEMBRE

Déjà deux jours que nous marchons. Dire que nous sommes épuisés, à bout de forces, donnerait une pâle idée de notre état, nous sommes presque morts. Nous faisons une halte car nos pauvres jambes ne peuvent plus nous porter un pas de plus. Mais, mis à part la fatigue, nous avons très bon moral.

122

Malheureusement, seuls Eugenio et moi continuons. Gómez n'a pas résisté et à dû faire demi-tour. Quel dommage! Lui, justement, qui était le plus enthousiaste. Ses jambes l'ont lâché. Il a été pris d'une intense fatigue et nous avions beau essayer de l'encourager, on voyait bien qu'il n'irait pas très loin. Au bout d'une dizaine d'heures de route, il a commencé à se plaindre qu'il n'arrivait pas à nous suivre. Il restait à plusieurs mètres derrière et disparaissait peu à peu de notre vue. Il insistait pour continuer, mais à l'évidence il n'en pouvait plus, en dépit de tous ses efforts.

Par mesure de prudence, nous lui avons conseillé de regagner l'avion, avant que ce ne soit trop difficile pour lui.

— Ne vous en faites pas pour moi... Continuez à avancer..., nous disait-il simplement, en guise de réponse, s'asseyant dans la neige pour reprendre son souffle.

Il se relevait péniblement et reprenait la marche. Mais pour retomber un peu plus loin, exténué. A bout de forces, il nous a enfin déclaré, en tirant son havresac et le jetant par terre :

— C'est bon, je me rends. Mais comprenez-moi bien, si je retourne, c'est uniquement pour ne pas être une gêne pour vous...

Revenir à l'avion était la solution la plus sage. En continuant dans cet état, il aurait été vraiment un poids, car cela obligeait à tout moment à s'arrêter, avec le risque grave que si son état empirait les prochains jours, nous ne pourrions faire autrement que de l'abandonner à son triste sort, ou revenir tous les trois. Et pour rien au monde, nous ne voulions choisir l'une ou l'autre solution.

Cela nous a été très pénible de nous séparer. Ernesto a laissé échapper quelques larmes. Eugenio, comme moi, ne cesse de se demander avec inquiétude ce qu'il est advenu de lui, s'il a pu regagner sans trop de mal le

Fairchild. Franchement, on ne devait pas être à plus de cinq kilomètres de l'avion.

En ce moment, Eugenio se repose près de moi, dans son sac de couchage, allongé sur le dos. Cela fait deux heures que nous avons fait halte, après quasiment un jour de marche forcée. Il est six heures du soir. Grâce à Dieu, le temps était avec nous, ce qui nous a permis de bien progresser. Il faisait assez chaud, mais pas trop. A présent un petit vent se lève et très vite la température va descendre. Nous reprendrons la route à huit heures. Nous préférons ça parce qu'il est moins fatiguant de marcher avec l'air de la nuit, d'autant qu'en marchant, le froid est plus supportable. Chaque fois que nous nous arrêtons, les jambes commencent à geler et la seule façon de se réchauffer est de se mettre en mouvement.

— Et les garçons ? Crois-tu qu'ils vont tous bien ? me demande Eugenio.

Je lui réponds par l'affirmative. Cependant, ils sont notre souci permanent, car nous savons bien tous les deux que certains sont faibles, près de défaillir. Pendant un bon moment, je revois les derniers moments que nous avons passés avec eux. Il me semble ressentir leur émotion quand nous leur avons fait nos adieux ! Je les vois encore près de l'avion, au loin, agitant les bras pour la dernière fois !

A quatre heures du matin, nous étions sur pied, prêts à partir, Grimaldi, Gómez et moi et, avec nous, beaucoup des garçons qui se sont levés tôt pour nous dire adieu. Cette nuit-là, en réalité, personne n'a dormi chacun songeant à notre départ.

— Laisse-moi t'attacher le havresac à l'épaule, me disait Joaquín Stern, en m'aidant, tandis que Patiño taquinait Eugenio sur son bonnet de laine.

— Avec ce bonnet, tu ressembles à un paysan russe...

Et Lamas ajoutait, en lui ébouriffant les cheveux, au milieu des rires des autres compagnons :

— Au Chili, tu pourras dire que tu viens de Moscou...

Nous étions gais, pour la plupart, pendant les préparatifs ; mais, à l'heure des embrassades du départ, certains
n'ont pu retenir leur émotion. Ils pensaient sûrement ne
plus jamais nous revoir.

Pour dissiper leur tristesse, Eugenio leur a dit, en
faisant avec les doigts le V de la victoire :

— Faites-nous confiance !

— Oui, on viendra vous chercher avant Noël, a ajouté
Gómez, avec un sourire.

Et je me suis risqué à leur dire, pour les revigorer :

— On ira à Montevideo et on fera une sacrée fête, les
gars !

Je me souviens que Roy Murphy a répondu, au bord
des larmes :

— Nous prierons pour vous, pour que tout se passe
bien.

Le troisième jour, nous avons marché sans une halte.
Après une petite descente, nous avons attaqué l'ascension de la gigantesque montagne qui, vue de l'avion, se
trouvait derrière. Il nous a fallu deux jours pour
atteindre le sommet car nous avons dû faire un long
détour en marchant en zigzag ; impossible, en effet, de
grimper en ligne droite, la pente était trop à pic. L'escalade devenait de plus en plus exténuante. Et pas seulement à cause de l'effort surhumain qu'il nous fallait
fournir avec le poids des havresacs sur le dos ; à chaque
pas, on s'enfonçait un peu plus dans la neige molle. Il
faisait une chaleur d'enfer et la sueur coulait de notre
front dans le cou. Il était midi et la neige, qui avait fondu
sous les rayons du soleil, était poudreuse. Sans cesse,
nous devions nous arrêter pour reprendre haleine, nous
n'en pouvions plus. Nous pouvions à peine soulever nos
jambes, lourdes comme du plomb. Comme si cela ne
suffisait pas, en s'enfonçant dans la neige, les coussins

que nous avions fixés à nos souliers de rugby étaient trempés et alourdis. Un vrai calvaire! A quelle altitude étions-nous? Je ne saurais le dire. Je sais seulement que l'air était raréfié. Tandis que je gravissais la montagne, mon cœur battait à un rythme accéléré sous l'effort, comme s'il allait bondir de ma poitrine. Nous marchions presque à quatre pattes, nous agrippant avec les mains aux saillies des rochers. J'entendais Eugenio haleter derrière moi à chaque pas, mais je ne me risquais pas à le regarder par crainte du vertige. Perdre l'équilibre et faire une chute de cette hauteur — environ six mille mètres — signifiait dévaler la montagne jusqu'en bas et se rompre la tête. Le soleil se couchait presque, lorsque nous arrivâmes enfin à un plateau, où nous décidâmes d'établir notre campement jusqu'au lendemain matin. Nous défaisant de nos sacs, à bout de souffle, nous nous sommes allongés, exténués, sur la saillie d'un grand rocher plat pendant une bonne heure jusqu'à la tombée de la nuit, tandis que le ciel se constellait d'étoiles. Nous avons bu une gorgée d'eau et taillé chacun deux tranches de viande pour reprendre des forces, avant de nous glisser dans nos sacs de couchage pour passer la nuit le plus à l'abri possible, non sans avoir quitté nos chaussures alourdies d'humidité. Cette nuit-là, nous n'avons pour ainsi dire pas souffert du froid grâce aux sacs de couchage, ce qui n'a pas manqué de nous réjouir, Eugenio et moi, car nous avions résolu l'un de nos problèmes majeurs : dormir à la belle étoile sans mourir congelés. Nous nous rappelions parfaitement la crainte qui nous étreignait, en particulier la première nuit, en entrant dans nos sacs de couchage sans savoir comment cela se passerait, mais à présent, nous avions de plus en plus confiance dans ces sacs.

Le lendemain matin, après avoir avalé notre petit déjeuner, une gorgée de whisky et une portion de viande, nous avons repris l'ascension. L'heure était très matinale et le soleil se montrait à peine derrière les hauteurs de l'est. Il soufflait un vent glacial, qui nous cinglait le visage, car nous étions à un endroit où le versant de la montagne était dans l'ombre. Pour cette raison et vu l'heure matinale, la neige était encore dure. Ce qui facilitait la grimpée mais, d'un autre côté, il fallait faire attention à ne pas glisser. A certains moments, la glace se brisait sous nos pas avec un bruit de verre cassé. C'était Eugenio qui, maintenant, marchait en tête. Je le talonnais, les yeux fixés sur ses bottes, profitant pour mettre les pieds de la trace qu'il laissait dans la neige. Je m'en servais comme d'une marche pour avoir un meilleur équilibre et me fatiguer moins en grimpant. C'est ainsi, en nous octroyant de courtes haltes, que nous avons enfin atteint le sommet de la montagne. Il devait être dans les cinq heures de l'après-midi. Nous nous sentions épuisés, mais une fois en haut, le fait de toucher au but, que nous considérions comme un exploit, nous a arraché à tous deux un sourire de fierté. Cette joie devant la prouesse accomplie ne dura, toutefois, qu'une minute. Après avoir laissé tomber nos sacs, nous avons parcouru du regard le panorama qui s'étendait devant nous ; de l'autre côté de la Cordillère, le paysage était identique à celui qui s'offrait aux survivants de l'avion, tous les matins, au lever. Ôtant nos lunettes fumées qui nous protégeaient du soleil, nous avons essayé de distinguer au loin un village, un paysage de verdure perdu dans le lointain. Mais pas trace de vie. Aussi loin que portait notre regard, nous n'apercevions qu'un océan blanc entouré de pics. Muets de stupeur, de déception et d'épouvante, nous avons compris sur-le-champ qu'à moins d'un miracle, nous serions incapables de traverser, vivants, ces étendues infinies de glace.

— Nous sommes perdus ! s'est exclamé Eugenio, sans pouvoir retenir ses larmes, tandis qu'il se laissait tomber avec accablement dans la neige.

L'effort titanesque que nous venions d'accomplir, au risque de notre vie, en escaladant cette montagne inaccessible, se révélait apparemment inutile. Il nous restait des kilomètres et des kilomètres de marche forcée, et encore d'autres monts enneigés à gravir, aussi hauts que ceux qui s'élevaient derrière nous. Nous avions cru que la neige finirait sur le flanc ouest de la Cordillère, mais nous devinions en cet instant que ce n'était que le début d'une randonnée interminable, épuisante, dans la montagne, à demi enfouis dans la neige gelée. Devant nous s'étirait un immense drap blanc qui s'étendait à perte de vue. Comme mon compagnon, j'ai senti un froid glacial m'envahir de la tête aux pieds. En cet instant, j'ai pensé que nous étions irrémédiablement perdus dans cette immensité désertique de la cordillère des Andes et, saisi d'angoisse, sans pouvoir me contrôler, j'ai couvert mon visage avec mes mains pour qu'Eugenio ne pût voir les grosses larmes de désespoir et d'impuissance qui ruisselaient sur mes joues.

— C'est inutile, Luis, m'a dit Eugenio, d'une voix défaillante.

Je l'ai regardé et j'ai vu qu'il scrutait l'horizon.

— Le Chili est très loin. Nous n'avons pas le plus petit espoir de traverser cette immensité à pied, dans l'état d'épuisement où nous sommes.

Pendant quelques secondes, je n'ai su quoi répondre. Je cherchais dans la poche droite de mon pantalon un mouchoir pour sécher mes larmes. Debout, près de mon compagnon, je lui ai enfin demandé :

— Que veux-tu que nous fassions ?

— Je suis incapable d'avancer un pas de plus. Alors imagine, si nous devons escalader une autre montagne comme celle-ci ! Nos jambes ne nous porteront pas ! Jamais nous n'arriverons jusqu'à un refuge abritant un être vivant, si tant est qu'il y en ait à moins de cent lieues d'ici.

Je me suis affalé à ses côtés dans la neige. Le soleil tapait en plein sur notre visage et je me suis décidé à remettre mes lunettes fumées.

— Et qu'allons-nous faire ? ai-je demandé à nouveau.

Eugenio m'a répondu :

— Fais ce que tu veux. Moi, je retourne à l'avion.

— Tu es fou ! me suis-je écrié. Songe à la confiance que les garçons ont mise en nous, ils ont sacrifié pour nous une partie de leur ration.

Et j'ai aussitôt ajouté, pour tenter de le convaincre :

— Ce serait un coup terrible pour eux si nous faisions demi-tour. Tous leurs espoirs, ils les ont mis en nous. Et n'oublie pas que Cherro et Murphy sont très faibles et ont besoin d'urgence d'une aide médicale.

— Oui, je sais, a répondu Eugenio. Mais cela ne leur servira à rien si nous continuons. La distance est immense et nous n'arriverons jamais. Perdus comme nous sommes, nous périrons sur ces hauteurs de fatigue et de faim, nos provisions vont finir par s'épuiser...

Je l'ai interrompu pour avancer un autre argument :

— Nous avons la boussole qui nous sert à nous orienter et de la viande pour une semaine. En la rationnant, on peut la faire durer un peu plus. Et peut-être que nous tomberons sur un muletier qui vit dans la montagne.

Eugenio a répondu, sceptique :

— Et s'il arrive une tempête, nous crèverons de trouille et de froid... Non, mon vieux. Moi, je retourne à l'avion. Là-bas, je suis plus en sécurité.

J'ai risqué une objection :

— Et que gagnerons-nous à regagner l'avion ? On va continuer à attendre les secours ? La radio a annoncé que les sauveteurs ne reprendront pas les recherches avant deux mois et d'ici à février, nous serons tous des squelettes, si tant est qu'on nous retrouve. N'oublie pas qu'en bas, les provisions touchent à leur fin et que, d'ici un mois, il ne restera plus un corps pour nous alimenter. En continuant, nous aurons au moins une chance. Nous sauver toi et moi, c'est sauver les garçons. En revanche, si nous retournons à l'avion, nous périrons de faim les uns après les autres, comme sont morts les autres. Si nous ne devenons pas tous fous avant, ceux qui auront la chance de rester en vie. En ce qui me concerne, je continue.

Tout en nous reposant assis dans la neige, nos sacs à côté de nous, et en contemplant le paysage, nous sommes restés à discuter de la décision à prendre. Au bout d'une heure et après avoir avalé chacun un morceau de viande et bu plusieurs gorgées d'eau pour étancher notre soif, nous avons décidé que, pour le moment, le mieux était de chercher un endroit adéquat pour passer la nuit. Il était près de six heures du soir et le soleil commençait à se cacher derrière les cimes. Il faisait assez froid et le vent soufflait assez fort, venant du sud. Nous avons décidé de dormir au sommet, à l'abri d'un rocher ; le lendemain matin, le corps reposé et l'esprit plus lucide, il serait plus facile de prendre une décision au mieux des intérêts de l'ensemble du groupe. Soit retourner au Fairchild, soit poursuivre le voyage. Sur un point, nous étions bien d'accord : rester ensemble quoi qu'il arrive.

Grâce à Dieu, mes arguments ont sans doute fini par convaincre Eugenio. A peine levé le lendemain matin, je l'ai vu qui commençait à ranger ses vêtements. J'étais encore dans mon sac de couchage, la tête en partie recouverte de mon passe-montagne de laine. L'aube apparaissait à peine et la pleine lune brillait encore au firmament.

— Tu pars ? ai-je demandé, croyant qu'il retournait à l'avion.

En guise de réponse, il a commenté :

— Le jour se lève, il est presque cinq heures. Il faut profiter du beau temps.

— Tu peux aller où tu veux, ai-je répondu, sans bouger de mon sac de couchage, les yeux à demi fermés de fatigue et de sommeil. Tu connais le versant par où descendre.

Il m'a regardé et a souri franchement, tout en chaussant ses souliers de rugby, que le givre faisait briller.

— Espèce d'idiot! Je continue. Comment peux-tu penser que je te laisserai seul! Si nous devons mourir là-haut, nous mourrons ensemble.

— Tu vas voir, en allant vers l'ouest, comme l'indique la boussole, nous atteindrons le Chili, lui ai-je dit en me levant, heureux de continuer l'expédition en compagnie de mon ami.

Ce matin, nous avons décidé de profiter du beau temps pour parcourir le plus de kilomètres possible et, comme la chance était avec nous, nous ne nous sommes arrêtés que deux fois. A midi et à la tombée de la nuit, pour dormir. Nous devons faire le maximum tant que nous en avons la force, avant qu'une tempête de neige ne s'abatte sur nous, nous obligeant à nous arrêter. Hier, l'obscurité nous a surpris tandis que nous marchions dans la montagne, éclairés par la lune; en effet, nous prenons maintenant très peu de repos la nuit pour éviter la forte gelée qui descend, à l'aube, des sommets. Nous avons peu dormi à cause du froid intense et il faut reconnaître que les sacs de couchage nous ont été d'un merveilleux secours. Mais nous avons peur de mourir gelés en dormant la nuit sans bouger. Pour nous réchauffer, nous avalons de temps à autre des gorgées de whisky. Hier nous avons dormi à peine cinq heures, car nous avions installé le campement à midi pour être de nouveau sur pied vers cinq heures et continuer à avancer à la faible lueur des étoiles qui forment de petits points lumineux dans le ciel.

Depuis, nous avançons, ne faisant que de courtes haltes. Nous parlons à peine pour ne pas gaspiller notre énergie.

— Le Chili est à l'ouest. Dieu nous guide et puis, qui ne risque rien n'a rien, disons-nous pour réagir contre la fatigue qui menace de nous terrasser.

En nous basant sur la boussole de l'avion, nous suivions la direction de l'ouest, en prenant bien soin d'enregistrer dans notre mémoire les accidents du terrain, afin de pouvoir les identifier du haut des airs, quand nous aurons trouvé du secours. Car, cela ne fait aucun doute, nous en trouverons.

VENDREDI 15 DÉCEMBRE

Ce que nous craignions est arrivé : nous avons été surpris par une tempête de neige. Aussi, aujourd'hui, après cinq jours de marche ininterrompue, notre avance a été très lente. Pourquoi n'avons-nous pas atteint les contreforts de la Cordillère ? Nous sommes dans un tel état de fatigue ! Eugenio et moi n'avons plus la force de faire un pas de plus. Cette maudite bourrasque de neige nous a ôté le peu d'énergie qui nous reste.

Depuis le matin, le temps était menaçant. De gros nuages noirs descendaient de la montagne. Un épais brouillard nous a peu à peu enveloppés, nous obligeant à ralentir considérablement notre marche, car nous ne voyions pour ainsi dire pas où nous mettions les pieds. Nous avons ainsi marché à l'aveuglette pendant des kilomètres, on ne voyait rien à cinq mètres. Je n'apercevais devant moi que les traces laissées par Eugenio dans la neige ; à peine distinguais-je confusément son visage, estompé dans le halo de brouillard gelé. Par moments, impossible même de nous voir, tant était épais le brouillard qui suivait nos pas, tel un blanc fantôme. Je ne saurais dire combien de kilomètres nous avons ainsi parcourus, à l'aveuglette, montant et descendant. Je levais de temps à autre la tête pour regarder alentour, mais la neige m'empêchait de distinguer quoi que ce soit, les versants, les pics, les montagnes.

A midi, grâce à Dieu, le temps s'est légèrement éclairci et nous avons pu accélérer un peu. Mais notre joie ne dura guère. Je me souviens que nous étions au bord d'un profond précipice quand, tout à coup, un vent violent nous a plaqués sur le côté, nous renversant presque. Sans perdre une minute, nous avons décidé de nous arrêter sur-le-champ et de nous attacher avec les ceintures de sécurité. Nous avons continué ainsi liés l'un à l'autre en cordée de façon à nous aider mutuellement en cas de danger. C'est moi qui avais pris la tête et Eugenio me suivait à courte distance, solidement lié à la même courroie. La violence du vent nous forçait par moments à nous arrêter, dans l'impossibilité où nous étions d'avancer, fût-ce de deux mètres. Tandis que nous luttions ainsi avec l'énergie du désespoir, nous efforçant de tenir sur nos jambes, nous avons soudain entendu un grondement terrible venant des sommets. Nous sommes demeurés immobiles, le cœur oppressé, sans savoir ce que c'était. J'ai cru un instant qu'une masse de neige dévalait d'en haut sur nous. Oui, une avalanche. Comme celle qui nous avait submergés dans l'avion, plus épouvantable encore, car cette fois nous ne bénéficiions d'aucune protection. Grâce à Dieu, ce n'était pas ça, je m'étais trompé. Ce n'était que le gémissement du vent, descendant de la montagne. Un hurlement horrible, qui nous crispait les nerfs, dans l'infinie solitude de cet enfer blanc !

Je ne me souvenais pas d'avoir rien entendu de pareil, pas même pendant les interminables semaines où nous étions restés prisonniers dans l'avion. On aurait dit de véritables mugissements, comme les plaintes d'un homme en proie à une douleur atroce. Le vent sifflait dans les cimes et rebondissait sur les rochers. Il s'arrêtait de temps à autre pour reprendre de plus belle, d'une crevasse profonde, son terrible gémissement.

Nous avons ensuite attaqué l'ascension d'une autre montagne gigantesque. Il nous a fallu douze heures au moins pour l'escalader. Nous étions arrivés au sommet et nous apprêtions à défaire nos sacs pour une halte d'un moment, quand une autre violente bourrasque s'est abattue sur nous. Au début, nous n'y avons guère fait attention — nous en avions déjà vu d'autres dans la

Cordillère au cours de ces deux mois —, mais nous avons soudain compris que la force de cette bourrasque risquait de nous emporter irrémédiablement. Agrippés l'un à l'autre, nous avons résisté une dizaine de minutes, tandis que, tout près, presque sous nos pieds, le vent soulevait la neige, poudreuse comme du coton. Soudain, la fureur de la nature déchaînée devint telle que je ne sais pas comment je me suis retrouvé soulevé, projeté au loin, à une dizaine de mètres d'Eugenio. J'ai cru alors ma dernière heure venue. Au prix d'un effort surhumain, je me suis relevé, complètement trempé, et j'ai péniblement tenté d'avancer, à quatre pattes, en direction de mon ami.

— Eugenio, Eugenio, au secours! criais-je éperdument.

La fureur du vent m'empêchait d'avancer et j'arrivais à grand-peine à résister. Chaque fois que j'essayais de soulever une jambe, je perdais l'équilibre et reculais en chancelant d'un à deux mètres, malgré mes efforts désespérés pour ne pas me laisser emporter par la tourmente.

Nous n'étions séparés que par quelques mètres, mais Eugenio ne m'entendait pas, car le vent soufflait en sens contraire et me renvoyait mes appels désespérés. Pour comble de malheur, j'arrivais difficilement à respirer et, par moments, j'avais la sensation angoissante d'étouffer. Avec la force du vent, j'avais beau faire, je ne parvenais pas à renouveler l'air dans mes poumons, il s'échappait aussitôt. Voilà que, grâce à Dieu, au milieu de ce tourbillon de vent et de neige poudreuse, qui nous empêchait de nous voir, j'ai entendu la voix de mon ami qui hurlait, en mettant les mains autour de sa bouche à la façon d'une corne :

— Mets ton mouchoir sur ta bouche, Luis!

Le vent, heureusement, soufflait dans ma direction et j'ai perçu distinctement les paroles d'Eugenio, alors que lui n'entendait rien de ce que je lui criais. J'ai immédiatement suivi son conseil et me suis rendu compte avec soulagement que je respirais mieux à présent. Et, comme le vent poussait Eugenio vers moi, il a pu arriver à l'endroit où je me trouvais, la tempête l'obligeant à avancer malgré lui. Nous sommes tombés dans les bras l'un de l'autre et avons continué à progresser en nous aidant mutuellement, cette fois à la faveur du vent.

Nous avons ensuite essuyé une tempête de neige intense pendant deux heures environ. Trempés jusqu'aux os, les jambes tremblant de fatigue, nous avons pu nous mettre à l'abri sous des rochers. Et nous sommes restés des heures, Eugenio et moi, à regarder tomber la neige en priant, accroupis, pour que la tempête s'arrête enfin. Cachés dans une sorte de grotte, nous distinguions une partie du paysage, tellement lassant avec sa blancheur immaculée. Alentour, une solitude mortelle, tandis que les flocons de neige tombaient sans discontinuer. Un spectacle féerique, mais qui nous emplissait de tristesse, mon compagnon et moi. Je regardais autour de moi et songeais à mon père, si loin dans la grande ville, pendant que, seul avec mon camarade, nous étions perdus dans la Cordillère, sans une main amie pour se tendre vers nous. Comme j'aurais aimé être près de lui ! Et je pensais à ma sœur et à ma mère chérie, qui dormaient de leur dernier sommeil, à quelques kilomètres de là. La neige tombait toujours et les larmes, malgré moi, ruisselaient sur mes joues.

DIMANCHE 17 DÉCEMBRE

Dieu soit loué ! Nous avons, enfin, atteint les contreforts. Après plus de deux mois à ne voir que cette blancheur alentour, aujourd'hui, pour la première fois, nous avons touché la terre.

Cela faisait des heures et des heures que nous cheminions sans la moindre halte, afin de profiter du temps redevenu stable. Il était midi et un soleil de plomb tapait sur nos têtes. Pas la moindre brise et nous marchions tous deux comme des automates, dans une demi-somnolence, accablés de sommeil. Nous n'avions plus rien d'êtres humains, nous n'étions plus que des loques, luttant héroïquement pour tenir sur leurs jambes. Nos sacs à dos pesaient comme des pierres, et c'est au prix d'une volonté surhumaine que nous continuions à progresser, nos jambes se refusant à le faire.

Nous voici, tout à coup, au sommet d'un promontoire. En regardant vers le fond de la vallée, nous avons aperçu, sur la partie plane, de grosses taches de terre interrompues çà et là par de la verdure, qui offraient un contraste saisissant avec le paysage de neige.

— Regarde, Eugenio! Regarde! ai-je crié à mon compagnon qui traînait la patte derrière. En bas, il n'y a pas de neige! Regarde, mais regarde, en bas! Plus de neige!

Je l'appelais comme un fou, sans réussir à contenir ma joie débordante, et lui montrais du doigt le panorama qui s'offrait très distinctement à notre vue au fond de la vallée.

Nous n'arrivions pas à en croire nos yeux. Devant notre regard extasié, s'étalait le paysage paradisiaque dont nous rêvions depuis si longtemps, nous tous à l'intérieur de l'avion. Un paysage de verdure, dégagé en partie de cet océan blanc qui, deux mois durant, nous avait tenus captifs! Et, à présent, Grimaldi et moi, le contemplions, émerveillés, la bouche ouverte et les larmes aux yeux. Deux petits arbres se découpaient dans le lointain sur le ciel d'azur et, vers la gauche, là où finissait la neige qui s'étendait sous nos pieds, ce n'était que verdure, broussailles, roches couleur de terre, toutes sortes de mousses éclaboussées de rosée, fleurs sauvages de toute espèce, les unes jaunes et les autres pourpres, dont les boutons s'ouvraient au soleil de midi.

Nous restâmes un long moment sans prononcer un mot, tant notre émotion était grande. Puis, nous tombâmes dans les bras l'un de l'autre, restant ainsi je ne sais combien de minutes. Nous nous regardions sans arriver à y croire, pensant qu'il s'agissait d'une illusion d'optique, ou encore que nous rêvions tout éveillés. Nous hésitions entre le rire ou les larmes quand, soudain, nous avons éclaté en sanglots. Pour la première fois en deux mois, nous pleurions de joie. Aussitôt, sans nous concerter, nous sommes tombés à genoux pour rendre grâce à Dieu.

Nous étions à bout, mais voilà que nous retrouvions toutes nos forces, d'un seul coup. Quelques kilomètres plus bas, nous avons commencé à fouler de larges espaces dégagés de la neige, tandis que le froid décroissait.

Le soir venu, nous étions arrivés dans une plaine, où nous avons jugé bon de nous arrêter. Nous avons cherché un endroit, près d'un grand rocher, où nous abriter des courants d'air et, laissant tomber sur le sol sans neige nos lourds sacs, nous avons décidé d'établir là le camp pour la nuit.

Eugenio a coupé un petit morceau de viande avec son couteau et, après avoir mangé et bu quelques gorgées de whisky, nous nous sommes glissés, presque tout habillés, dans nos sacs de couchage. Nous avons seulement ôté, bien sûr, nos chaussures de rugby, qui étaient du reste très humides à l'intérieur. Nous avons allumé chacun une cigarette et, pendant un moment, nous avons pris plaisir à fumer en échangeant gaiement nos impressions sur cette journée. Nous nous sentions si heureux ! C'était la première nuit où nous reposions dans la montagne au contact de la terre, sans craindre de mourir de froid dans ces draps gelés où, jusqu'à hier, nous délassions nos os endoloris !

Mon ami n'a pas tardé à s'endormir. Quant à moi, je n'arrivais pas à trouver le sommeil, je ne sais si c'est de fatigue ou de bonheur, tandis que je sentais un agréable chatouillement dans le corps à la pensée que maintenant, c'était sûr, nous serions sauvés. Allongé sur le dos dans mon sac de couchage, je scrutais le ciel, d'un noir d'encre. La seule chose que j'apercevais, et pas très distinctement, c'étaient des flocons de nuages naviguant sans but, tels des navires errants, au-dessus des hauteurs. Dans le silence de la vallée, on entendait le ululement du vent. Par deux fois, j'ai voulu réveiller Eugenio en entendant des bruits étranges, mais je me suis armé de courage, préférant ne pas le déranger; ce n'était sans doute que les battements d'ailes innocents d'oiseaux sauvages, se posant sur les arbustes tout près de nous. Enfin, épuisé physiquement que j'étais par la journée d'hier, le sommeil a fini petit à petit par avoir raison de moi; ce qui ne m'a pas empêché de me réveiller toutes les demi-heures et de rester un bon moment à guetter les bruits mystérieux de la nuit. Le matin se levait et je dormais à poings fermés, quand les mouvements d'Eugenio pour se lever m'ont réveillé. Dans la pénombre, je l'ai entendu qui me disait :

— Debout, Luis, le jour se lève.

Un quart d'heure plus tard, nous étions en route.

A cette heure, le soleil faisait une timide apparition derrière les crêtes, et une fine rosée flottait dans l'air. Dans la clarté diffuse des premières lueurs de l'aube, la Cordillère offrait un spectacle irréel, enveloppé de mystère.

D'emblée, la nouvelle journée nous a paru légère. La matinée était fraîche et le chemin tout droit, mais rocailleux et sans ornières. Cependant, au bout de six kilomètres environ, nous avons dû couper par un sentier qui serpentait au milieu des broussailles. Tantôt, je marchais devant, tantôt c'était mon ami. Parfois aussi, lorsque la largeur de l'étroit sentier le permettait, nous avancions côte à côte, et je sentais le havresac d'Eugenio me frôler.

Nous sommes enfin arrivés à une large vallée, d'où l'on apercevait l'admirable paysage dans toute son immensité désolée. Comme un fou, j'ai dévalé la pente dans une course folle et me suis arrêté, le souffle coupé, environ un kilomètre plus bas. C'est alors que je me suis rendu compte que j'avais bien failli commettre une imprudence fatale. A quelques mètres de l'endroit où ma course effrénée avait pris fin, la pente de la colline était presque à pic. Regardant en bas, j'ai vu une profonde dépression. J'ai senti mon sang se glacer dans mes veines. Une chute de cette hauteur équivalait à rouler sur mille mètres avant de disparaître à jamais dans une faille. Par chance, Eugenio me rejoignait. Comprenant le danger et me voyant pétrifié de peur, sans pouvoir détacher les yeux du précipice, il m'a saisi par le bras :

— Ne regarde pas en bas, tu vas avoir le vertige...

Nous éloignant, nous avons continué à marcher.

MARDI 19 DÉCEMBRE

En partant ce matin, nous avons abandonné, pour alléger notre charge, un des sacs de couchage. Nous souffrons moins du froid et nous pouvons très bien dormir tous les deux dans le même. Nous avons laissé aussi les coussins qui, attachés à nos chaussures de rugby, nous servaient de snow-boots pour marcher dans la neige molle.

Nous avons commencé à apercevoir de la végétation et à traverser de petites cascades produites par le dégel. Il nous fallait parfois les passer à gué, ce qui impliquait des détours interminables, qui nous laissaient sans force. Nous nous aidions pour cela des ceintures de sécurité.

Dans un état d'extrême faiblesse, nous progressions dans une sorte de torpeur, sans voir en quelque sorte où nous passions. Nous nous arrêtions parfois pour étudier la boussole, et pour suivre toujours vers l'ouest.

Nos pensées étaient tendues dans deux directions à la fois : le lieu de l'accident, où nous savions que quatorze de nos amis avaient mis tous leurs espoirs dans notre combativité, et la rencontre d'un être humain, ou la découverte d'un ranch dans la Cordillère, pour demander des secours.

MERCREDI 20 DÉCEMBRE,
6 HEURES DU SOIR

Cela fait deux heures que nous sommes étendus à l'ombre d'un saule, au bord d'une rivière. Nous sommes éreintés, horriblement. Nous marchons depuis cinq heures du matin, avec seulement une courte halte vers midi pour manger un morceau. Pour comble de malchance, Eugenio s'est fait une entorse à la cheville, si bien qu'il a dû s'appuyer sur moi une grande partie de la journée. La demi-bouteille de vin est vide depuis quelques jours déjà; aussi, pour humecter nos lèvres fendues, il n'y a qu'un seul moyen : boire de l'eau pure. Quel goût merveilleux en comparaison de celle que nous avons bue jusqu'ici! Nous l'avons goûtée pour la première fois, un peu plus bas, à la source d'une rivière. Là nous avons jeté le liquide que nous trimbalions dans les ballons de rugby et l'avons remplacé par l'eau de source.

Sur notre parcours, aujourd'hui, nous avons pu contempler de grands espaces de verdure. Comme il est bon de se reposer la vue! Nous avons noté également d'abondantes traces de mulets et de petits sentiers avec, apparemment, des traces humaines. Probablement des guides ou des muletiers andins.

Nous nous sommes débarrassés petit à petit de tout ce qui était trop lourd à porter. Si bien qu'il ne nous reste plus que deux couvertures chacun, que nous avons gardées pour dormir la nuit. Nous avions abandonné depuis de nombreux kilomètres le second sac de couchage. Il pesait trop et il ne nous reste plus de force, fût-ce pour porter une plume.

D'autre part, le froid est très différent de celui que nous avons subi là-bas sur le site de l'avion, même les jours où nous transpirions de chaleur.

Pour la première fois, également, nous avons aperçu des chèvres et des brebis en train de paître sur le flanc de la montagne, ce qui nous a remplis d'allégresse. Lorsque j'ai vu le premier troupeau de chèvres, j'ai poussé un cri de joie. C'était le premier signe de vie depuis notre départ du Fairchild, la preuve indiscutable que nous approchons de la civilisation. Nous ne pouvions plus contenir notre joie :

— Nous sommes sauvés ! Nous sommes sauvés !

Bienheureux animaux ! Ils ignoraient ce que leur seule présence signifiait pour nous. Presque involontairement, je me suis exclamé :

— L'envie me démange de manger une de ces chèvres !

— Et avec quoi les tuer, grands dieux ? a répliqué Eugenio.

— Avec une lame de rasoir, ai-je répondu, et nous avons éclaté de rire.

Poursuivant notre marche, nous avons aperçu, sur l'autre versant, un groupe de muletiers conduisant leur troupeau. Nous avons agité les bras en criant pendant quelques minutes pour attirer leur attention, mais ils ne nous ont pas vus. Une grande distance nous séparait.

Nous nous sommes allongés sur le sol pour nous reposer un moment, en tirant des bouffées de cigarettes et en nous réconfortant mutuellement.

— Aucune importance. On a vu des gens, on en verra d'autres.

Environ une heure plus tard, nous avons aperçu aussi des chevaux et des vaches en train de paître sur l'autre versant. Malgré ces signes indéniables de vie, nous n'apercevons toujours pas de maisons ni de refuge dans ces régions montagneuses. Mais nous ne perdons pas confiance de voir apparaître bientôt dans les alentours des maisons, des hommes, des femmes ou des enfants. Ces animaux ont obligatoirement un propriétaire qui, tôt ou tard, viendra les chercher.

MERCREDI 20 DÉCEMBRE
9 H 15 DU SOIR

Nous avons parlé à quelqu'un !

Il y a quelques minutes à peine, nous avons parlé avec un muletier, qui a promis de revenir demain nous chercher.

Nous étions ici même, allongés sur l'herbe, quand Eugenio a aperçu, tout à coup, un homme à cheval, sur l'autre bord de la rivière. D'un bond, nous étions debout, l'appelant à grands cris en faisant une corne avec nos deux mains pour nous faire entendre. Par chance, l'homme nous a vus et a arrêté son cheval. Nous nous sommes mis à crier comme des fous de là où nous étions, mais la rivière était si large et le bruit du courant si fort que nous n'arrivions pas bien à nous faire comprendre. Eugenio et moi avons couru jusqu'au bord de la rivière, gesticulant, agitant les bras, tombant à genoux dans un geste de supplication, pour qu'il comprenne qu'il s'agissait d'un cas de vie ou de mort. Il avait compris, nous étions certains, qu'il s'agissait d'un appel au secours car, en s'en allant, il nous a lancé :

— Je reviens demain ! Attendez-moi !

Dieu veuille que cet homme tienne sa promesse !

LOS MAITENES,
JEUDI 21 DÉCEMBRE,
1 H 30 DE L'APRÈS-MIDI

Le miracle s'est produit. Nous sommes sauvés, définitivement.

L'homme que nous avons vu hier soir est revenu ce

matin, à neuf heures, sur le bord de la rivière pour nous chercher et, grâce à lui, nous voilà sains et saufs.

En ce moment, nous sommes assis, Eugenio et moi, sur des troncs d'arbres, dans la cour d'une fermette. Notre sauveur s'appelle Sergio Catalán, il est cultivateur dans cette région, à ce qu'il nous a dit. Il discute avec Grimaldi, pendant que je consigne rapidement ces notes dans mon carnet. Il vient d'envoyer deux muletiers qu'il emploie au commissariat de Puente Negro, pour alerter les carabiniers.

Il se tourne vers moi pour répondre à une question que je lui pose :

— Puente Negro est le village, tout près d'ici, où se trouve le poste de carabiniers, monsieur. A cheval, pour un bon chrétien, il n'y en a pas pour plus de deux heures.

Ce paysan chilien, d'aspect modeste, a été un ange pour nous. Avec les deux autres, ils ne savaient que faire pour nous faire plaisir. Ils nous ont donné du lait, du fromage, du pain et d'autres aliments que nous n'imaginions même plus savourer un jour. Ils nous ont offert aussi des « poropos » chiliens que nous engloutissons en quelques secondes. Je n'ai jamais de ma vie mangé quelque chose d'aussi délicieux !

— La première fois que je vous ai vus, nous dit-il avec affection, en passant une main sur sa moustache, je vous ai pris pour deux touristes perdus sur ces versants, ou deux jeunes en train de s'amuser. Mais ensuite, quand vous m'avez lancé le message écrit, diable, ce coup-ci j'en avais la chair de poule !...

J'avais dû lui lancer par-dessus la rivière une pierre enveloppée avec une feuille de papier, le tout dans un mouchoir, parce que le bruit du torrent empêchait nos voix de porter de part et d'autre. Je lui ai envoyé un S.O.S. écrit avec le bâton de rouge à lèvres que nous avions emporté pour le passer sur nos lèvres gercées et crevassées. Sur ce papier, j'avais écrit le message suivant :

« Je viens d'un avion qui est tombé dans les montagnes. Je suis uruguayen. Nous avons marché pendant dix jours. J'ai un ami là-haut qui est blessé. Dans l'avion il y a encore quatorze personnes. Nous devons partir d'ici rapidement. Nous n'avons rien à manger. Nous sommes épuisés. Quand viendrez-vous nous chercher ? Nous pouvons à peine marcher. Où sommes-nous ? »

Le Chilien nous a répondu sur le même papier, au bas de la feuille :

« Un homme à qui j'ai demandé de l'aide va venir. Dites-moi ce que vous voulez. *Signé* : Sergio C. »

L'endroit où nous sommes s'appelle Los Maitenes. Il est situé à proximité de San Fernando. C'est la première question que nous avons posée à notre ami muletier. Nous avions une telle envie de satisfaire notre curiosité ! Nous étions restés si longtemps égarés, sans aucune idée de l'endroit où nous étions, que pour nous deux c'était une question de la plus haute importance. Pour mieux nous situer, nous lui avons demandé ensuite à quelle distance San Fernando se trouvait de Santiago. A deux heures de voiture, a-t-il répondu. Je viens de vérifier la carte et je constate, en effet, que les deux villes ne sont distantes que de deux cents kilomètres maximum. Et dire que Curicó, que nous avions toujours considéré comme le lieu de l'accident, se trouve tout près de San Fernando ! Mais le plus incroyable, c'est que d'après les éléments que nous avons fournis à notre paysan chilien, celui-ci nous assure que le Fairchild n'est pas tombé au Chili, mais en territoire argentin.

— Si vous aviez pris l'autre direction, dit-il, vous seriez arrivés au village argentin en deux jours, au lieu de faire tout ce chemin pour arriver jusqu'ici. D'après ce que vous me dites et tout le chemin parcouru, je pense que l'avion est tombé plus haut que Las Termas del Flaco.

J'examine la carte et constate que l'endroit qu'il vient

de mentionner est pour ainsi dire sur la frontière entre le Chili et l'Argentine.

Sergio Catalán veut savoir ensuite comment nous avons pu nous orienter pendant la randonnée. Je tire du havresac la boussole, qui nous a conduits sur la bonne route. Je la tiens un moment dans la main et, après lui avoir appliqué deux baisers sonores, je la passe au Chilien :

— Cette jolie fille nous a indiqué la route, lui dis-je.

Le muletier me regarde et rit avec nous. Puis il reste à examiner la boussole pendant quelques minutes.

— Et vous-même, où alliez-vous quand vous nous avez vus hier soir ? lui demande Eugenio, de façon inattendue.

— J'ai ma petite maison ici, à Los Negros, répond Catalán, et je me dirigeais vers les pâturages de la vallée de Los Maitenes, où j'ai des vaches et un troupeau de brebis. J'allais justement chercher mes animaux le premier jour où je vous ai aperçus. La rivière où vous étiez, c'est la Tinquiririca. Ce qui a attiré mon attention, c'est quand vous avez commencé à faire des gestes désespérés, à tomber à genoux en implorant de l'aide. Ma parole, j'ai commencé à m'inquiéter. C'est pour cela que je suis revenu.

Je l'ai observé avec attention. C'est un homme d'une quarantaine d'années. Grand, mince, le visage tanné et desséché par le climat de la Cordillère. Il a le regard sain des paysans. Il porte le costume typique du « huaso » chilien, l'équivalent de notre gaucho : veste courte, bottes et chapeau à larges bords.

Je profite d'un silence pour lui dire que nous sommes pressés de partir le plus rapidement possible à la recherche des autres survivants qui sont restés là-haut, que nous leur avons promis de revenir les chercher avant Noël.

— Ne vous faites pas de souci, monsieur, me répond-il, en tapotant doucement mes genoux. Dans une heure maximum, mes gars seront de retour de Puente Negro avec les carabiniers.

Quand nous, les deux Uruguayens, nous avons voulu exprimer notre reconnaissance éternelle à cet homme noble, représentant typique du peuple chilien, que nous aimons tant et plus que jamais maintenant que nous avons la vie sauve, il nous répond avec un sourire modeste, comme si c'était tout naturel :

— Ce que j'ai fait, monsieur, n'importe qui l'aurait fait à ma place.

JEUDI 21 DÉCEMBRE, 10 HEURES DU SOIR

Il y a quelques heures, une patrouille de carabiniers est arrivée pour nous interroger. Ils ont commencé par nous demander nos noms, car les émissaires que Sergio Catalán avait dépêchés au poste de Puente Negro ne les connaissaient pas, notre sauveur et nous-mêmes ayant omis de le leur indiquer. Mon nom ne figurait pas non plus sur la missive que j'avais écrite à Catalán près de la rivière et que les muletiers ont portée au commissariat.

La patrouille, composée de trois hommes, était sous les ordres d'un officier, qui semblait beaucoup plus préoccupé d'inspirer le respect que d'écouter notre récit. Il a déclaré enfin qu'il ferait son rapport aux autorités. Je me suis risqué à lui demander :

— S'il vous plaît, prévenez mon père à Montevideo.

Et Eugenio et moi lui avons remis une feuille de papier avec les numéros de téléphone de nos familles en Uruguay. L'officier l'a prise et, y jetant à peine un coup d'œil, l'a fourrée dans sa poche.

— D'accord.

Et il a ajouté :

— La première chose à faire est d'appeler l'ambassade d'Uruguay. Qui est l'ambassadeur ?

— M. César Charlone, a répondu Eugenio.

Sur ce, ils s'en sont allés, en nous signalant que demain une patrouille officielle viendrait nous chercher, à la première heure, pour nous conduire à San Fernando, afin d'être soumis à un examen médical.

SAN FERNANDO,
VENDREDI 22 DÉCEMBRE

Nous sommes heureux. Nous avons déjà récupéré six des survivants.

Ce matin, nous sommes montés dans un hélicoptère de l'armée de l'air chilienne jusqu'au site de l'accident, dans la cordillère des Andes. Les officiers chiliens nous ont emmenés avec eux pour leur montrer le chemin, car le temps était épouvantable, avec une brume épaisse qui rendait la visibilité très mauvaise. Notre présence était nécessaire pour les aider à localiser le Fairchild du haut du ciel.

Au début, les officiers n'étaient pas très chauds pour nous emmener. Les médecins qui les accompagnaient n'étaient pas partisans de cette expédition. Selon eux, nous venions d'accomplir une traversée épuisante et il n'était pas prudent de nous exposer à un effort physique supplémentaire. Mais nous leur avons rétorqué que nous étions en pleine forme et que nous souhaitions participer au sauvetage rapide des autres passagers.

Nous venions de partir avec la patrouille de carabiniers venue nous chercher tôt ce matin, quand nous avons aperçu, volant à ras du sol, deux hélicoptères, qui venaient nous prendre. Il était un peu plus de onze heures du matin. Les deux appareils atterrirent dans la vallée de Los Maitenes. Plusieurs personnes en descendirent, nous informant qu'elles partaient à la recherche de l'avion, avec des vivres et des médicaments pour les victimes. Le personnel médical nous a ensuite examinés, allongés sur l'herbe. Grâce à Dieu, ils nous ont trouvés en bonne forme.

Nous étions pressés d'aller au secours de nos amis, mais il nous a fallu patienter deux heures, assis à terre, en raison de l'épais brouillard.

— Les gars, nous devons attendre que le brouillard se lève, a déclaré le commandant Jorge Maza, pilote d'un des deux avions.

Nous avons pu enfin décoller. L'un des hélicoptères, le H-91, était piloté par le commandant Maza. L'autre, le H-89, par le commandant Carlos García, comme je l'ai appris par la suite. J'ai voulu connaître leurs noms pour les noter sur mon carnet et conserver ainsi le souvenir de ces courageux aviateurs chiliens, qui ont risqué leur vie pour aller au secours de nos compatriotes. Je ne le dis pas par simple politesse, mais pour leur exprimer notre sincère reconnaissance, car la descente s'est avérée extrêmement périlleuse et ardue. Les turbulences et le vent violent qui soufflait rendaient très difficile l'atterrissage sur le site de l'accident. C'est pourquoi l'hélicoptère n'a évacué que six rescapés. En raison des conditions atmosphériques détestables, les commandants chiliens ont estimé qu'il aurait été suicidaire de faire monter à bord davantage de personnes. Après le décollage avec les premiers rescapés, les hélicoptères ont eu le plus grand mal à s'élever dans les airs. Et, une fois en bas, après l'atterrissage dans le camp Alfa, comme on appelait le terrain plat qui servait d'aéroport à Los Maitenes, un des membres de l'équipage a avoué qu'il avait éprouvé un moment de sérieuses craintes pour le sort des passagers de l'hélicoptère.

— Quand les hélicoptères se sont élevés pour revenir et que nous sommes sortis de la fosse montagneuse, m'a-t-il dit, j'ai bien cru que les appareils allaient se briser avec les violents remous du vent.

J'ai profité de ce moment que nous passions avec les aviateurs pour demander au commandant Carlos García comment ils avaient été informés à notre sujet. Il m'a raconté :

— Nous avons eu les premiers échos hier soir jeudi, à Santiago. La nouvelle nous est parvenue qu'un guide de la région, d'ici, à San Fernando, avait rencontré deux jeunes Uruguayens qui venaient de l'avion disparu dans la cordillère des Andes voici deux mois. Dès hier soir, nous avions fait nos préparatifs et nous sommes partis ce matin à six heures pour venir vous trouver.

Il a ajouté, avec un sourire :

— Pour être franc, je n'ai tout d'abord pas ajouté foi à la nouvelle donnée par la radio. J'ai pensé qu'il s'agissait sans doute d'éléments d'une patrouille andine de sauvetage qui s'était égarée. Mais, quand je me suis entretenu avec vous deux ce matin et que j'ai vu vos vêtements en loques, vos visages brûlés et vos lèvres fendues et sanguinolentes, sans compter votre accent uruguayen, je n'ai plus eu de doute.

Alors que nous survolions en hélicoptère les pics neigeux, ce même officier ne cessait de s'exclamer sur la hauteur de certaines montagnes que nous avions gravies, comme aussi sur la distance que nous avions parcourue à pied en longeant des précipices, pour parvenir enfin à la rivière où nous avons rencontré Sergio Catalán.

— D'après ce que vous dites, l'avion est tombé sur les pentes du volcan Tinquiririca, à 4 500 mètres d'altitude, a-t-il observé. Eh bien, les gars, vous êtes descendus à pied de cette altitude !

En regardant en bas, par les vitres, Eugenio et moi étions également abasourdis. Pendant quelques minutes, parcourant du regard la blanche plaine, j'en ai eu froid dans le dos.

— Il n'y a pas à dire, c'est une odyssée incroyable, ne cessaient de répéter les membres du Corps de sauvetage des Andes, qui étaient venus secourir nos camarades. C'est un véritable miracle. Où avez-vous puisé cette énergie pour endurer tout ça, dans l'état où vous étiez ?

— La foi en Dieu, ai-je répondu, nous a soutenus et la rage de vivre a fait le reste.

Cela a été incroyablement difficile de localiser d'en haut le fuselage enfoui dans la neige. Ce n'est qu'à quatorze heures vingt que nous avons réussi à le repérer enfin, et uniquement quand nous avons été juste au-dessus, car il se confondait complètement avec la blancheur du paysage. Comme nous l'avions compris deux mois plus tôt, alors que nous étions encore dans le fuselage, c'est pour cela que personne ne nous avait vus du haut du ciel.

Je suis incapable de décrire la profonde impression que m'a faite la vue du Fairchild depuis l'intérieur de la cabine de l'hélicoptère. On aurait dit une gigantesque baleine, au milieu d'un bloc de glace, avec sa panse à l'air. Nos camarades sautaient de joie autour de l'avion. L'émotion de ces minutes inoubliables était renforcée par la voix du pilote, communiquant avec le centre des opérations et l'informant par radio du déroulement des opérations en ce moment précis :

— Attention, poste Alfa... Attention, poste Alfa. Nous venons de localiser l'avion uruguayen. Nous survolons le site de l'accident. D'ici nous apercevons les victimes. Nous ne pouvons voir combien ils sont, mais tous sautent de joie. Nous atterrirons dans quelques secondes et embarquerons à bord les plus faibles... Nous évacuerons ceux qui nécessitent une visite médicale urgente. Attention, poste Alfa... Attention, poste Alfa. A vous...

L'hélicoptère luttait pour se poser, constamment secoué et ballotté. J'avais peur, je l'avoue. Soudain, il y a eu une forte secousse. L'appareil tournait en rond, essayant de se poser sur le manteau blanc, ce qui n'était pas une petite affaire sur ce terrain en pente. Un des patins effleura enfin le sol, tandis que l'autre restait suspendu en l'air.

La porte de l'hélicoptère s'est brusquement ouverte et les andinistes du Corps de sauvetage des Andes ont sauté à terre. Je les ai vus instantanément courir à travers la neige pour aller à la rencontre de nos compagnons, au milieu d'un épais brouillard. Le visage collé au hublot, je suivais, haletant, les larmes aux yeux, ce qui se passait dehors. J'avais l'impression de rêver ! Certains de mes amis ont couru accueillir leurs sauveteurs et se sont jetés à leur cou tandis que les autres les entouraient, agitant les bras et sautant tout autour, débordant d'une folle joie. Puis ils se sont tous dirigés vers l'endroit où nous étions. Arrivés près de l'hélicoptère, les garçons ont cherché à monter tout de suite, mais les aviateurs leur ont crié qu'il était impossible d'emmener tout le monde.

— C'est très dangereux, avec ce mauvais temps ! Nous reviendrons tout de suite chercher les autres.

Ils vociféraient à pleins poumons pour se faire entendre, tandis que les moteurs de l'hélicoptère, suspendu dans l'air, vrombissaient, et que le vent sifflait en soulevant la neige poudreuse sous le rotor qui tournait à une allure vertigineuse, au-dessus de nos têtes.

Une fois les rescapés installés, l'appareil s'est élevé peu à peu. De l'intérieur, j'ai regardé pour la dernière fois, par les vitres, mes compagnons qui agitaient leurs mouchoirs, les bras levés, avec plusieurs andinistes qui restaient avec eux. L'hélicoptère a pris de la hauteur et s'est écarté doucement. Il a viré à demi, tournant sur lui-même, et passé au-dessus du squelette du fuselage qui, pendant deux mois, nous avait servi de refuge. On distinguait à peine les pics andins à travers le brouillard, mais les remous étaient pires encore. A nouveau, l'appareil a été secoué et ballotté d'une façon qui faisait vraiment peur. Cette sensation, grâce à Dieu, n'a duré que quelques minutes.

Au moment de dépasser une chaîne de montagnes, la voix rauque du pilote s'est élevée à nouveau, lançant ses appels radio :

— Attention, poste Alfa... Attention, poste Alfa... Mission accomplie. Tout s'est bien passé. Nous revenons avec six rescapés. Les huit autres resteront sur place avec le personnel médical de l'armée de l'air chilienne et du Corps de sauvetage des Andes...

Pendant ce temps, à l'intérieur de la cabine, nous serrions dans nos bras, fous de joie, ces victimes que nous avions récupérées. Ils nous ont dit qu'ils avaient appris par le flash de dernière heure de l'émetteur « El Espectador », de Montevideo, que l'on viendrait les chercher aujourd'hui. Cette radio avait transmis en première information que Grimaldi et moi étions arrivés dans une ferme à Los Maitenes.

— On vous attendait, on vous attendait... On s'est coiffés et gominés pour vous accueillir..., m'a dit Horacio Montero, délirant de joie, suspendu à mon cou.

Les six premiers rescapés sont : Armando Parodi, Joaquín Stern, Ernesto Gómez, Felipe Oliveira, Horacio Montero et Carlos del Vecchia.

Le sauvetage des autres garçons est prévu pour demain, comme je l'ai appris plus tard, car le temps était trop mauvais. Un groupe du Corps de sauvetage des Andes et des membres du Service de secours de l'armée de l'air chilienne sont restés auprès d'eux, avec des vivres et le personnel de l'infirmerie, pour leur prodiguer des soins.

Grimaldi a eu la joie aujourd'hui de voir ses parents, arrivés de Santiago. Ils étaient venus aussitôt de Montevideo en apprenant qu'on nous avait retrouvés. J'étais très ému aussi en voyant Eugenio pleurer dans les bras de sa mère. On avait l'impression qu'elle allait le briser tant elle le serrait fort contre sa poitrine. Pauvre femme, j'imagine ce qu'elle a enduré durant ces deux mois ! Je comprends à présent le bonheur qu'elle éprouve, alors qu'elle croyait son fils mort dans l'accident, pendant tout ce temps !

Si l'émotion d'Eugenio a été grande en revoyant les siens, tout aussi émouvante a été la rencontre de Carlos del Vecchia et de son père, qui se trouvait au Chili, collaborant depuis deux mois aux actions de sauvetage.

Don Carlos était déjà là à l'attendre à Los Maitenes, quand nous avons atterri. Carlitos était parmi les plus nerveux et ne s'est calmé qu'en descendant de la cabine. Le malheureux tenait à peine sur ses jambes et nous avons même craint qu'il ne soit plaqué au sol par le vent de la Cordillère, qui sifflait dans nos oreilles et nous décoiffait. Il avait l'air si maigre, si faible. Se traînant sur ses jambes amaigries pour aller vers son père, il ne trouvait à dire, au milieu de sanglots convulsifs, que :

— Vive le Chili, vive l'Uruguay !... Vive le Chili, vive l'Uruguay !...

HÔTEL SHERATON, À SANTIAGO, DIMANCHE 24 DÉCEMBRE

J'ai dû m'isoler quelques minutes dans ma chambre pour échapper à la véritable marée humaine qui déferle pour nous voir. Une foule de curieux se presse pour nous approcher, nous serrer les mains et nous féliciter pour avoir refait surface, vivants, après avoir disparu deux mois dans la Cordillère des Andes. Nous faisons la une des journaux et nos photos s'étalent sur quatre colonnes. Nous sommes les héros du jour pour les journalistes. Ils savent bien qu'ils vont épuiser leurs numéros et se remplir les poches avec notre malheur ! Je dis cela car j'ai lu, avec beaucoup de tristesse, quelques commentaires que nous redoutions, nous, les survivants. Je veux parler de certaine presse dite « sérieuse » (mais en existe-t-il ?) qui, au lieu d'attacher de l'importance au drame moral que nous avons vécu, a préféré exploiter la curiosité malsaine et morbide de nombre de ses lecteurs. Un récit du plus mauvais goût, sans le moindre respect auquel nous avons droit, en tant qu'êtres humains.

Un essaim s'est abattu sur l'hôtel : journalistes de radio et de télévision, de presse écrite, qui sollicitaient des interviews, voulaient prendre des photographies de chacun des garçons. Nous avons été obligés de nous échapper, de fuir cette horde qui ne nous laisse pas respirer, nous pourchasse où que nous soyons. Il semble que la spectaculaire nouvelle se soit répandue comme une traînée de poudre aux quatre coins du monde. On a vu arriver, en effet, d'abord à San Fernando, puis ici à Santiago, des reporters argentins, péruviens, brésiliens, colombiens, français, américains, espagnols, allemands, japonais, italiens... Des Uruguayens, bien évidemment... Est arrivé un bataillon, une armée de compatriotes des journaux *Marcha, El Día, El País.* Sans parler, bien entendu, des « paparazzi » chiliens qui surgissent jusque dans notre soupe... Ciel, que de monde ! Depuis notre retour de la Cordillère, on n'a même plus le temps de dormir...

Notre hôtel nous paraît davantage un lieu de rassemblement, de meeting politique. Vont et viennent des hommes et des femmes qui parlent toutes les langues et passent leur temps à nous interroger, à sortir magnétophones et appareils photo en nous demandant de poser pour eux. Nous sommes déjà fatigués de toute cette publicité, nous en avons par-dessus la tête. On voit arriver également des correspondants de chaînes de télévision venant de pays lointains, exotiques, beaucoup d'entre eux accompagnés de leurs traducteurs, car ils ne parlent pas l'espagnol et ont besoin d'interprètes pour se faire comprendre. S'est présentée également la chaîne de télévision 13 de l'Université catholique de Santiago, pour solliciter une interview pour la nuit même de Noël. Et sans compter, naturellement, la foule de nos amis, condisciples, relations, parents venus tout spécialement de Montevideo qui, telle une vague gigantesque, remplit l'hôtel tout entier et va et vient nerveusement, fumant, riant, commentant les moindres détails dans les couloirs, les salles à manger, les salons, formant une gigantesque et bruyante colonie uruguayenne...

Mon père, arrivé parmi les premiers, est depuis hier avec moi. Quelle joie immense j'ai eue de le revoir! Je crois que si d'autres compatriotes ne nous avaient séparés, nous serions restés embrassés toute la vie! Il pleurait, riait, pleurait, se remettait à rire, me regardait, me caressait la figure, me palpait le corps. Quant à moi, je sanglotais sur sa poitrine et ne m'arrêtais pas de l'embrasser.

— J'ai besoin de te toucher pour y croire, mon champion, me disait-il. J'ai l'impression de rêver...

Depuis hier, il ne me quitte pas d'une semelle. Pauvre cher vieux! Il a sûrement peur de me perdre à nouveau! Il est en ce moment dans un salon de l'hôtel causant avec les oncles, grands-parents, pères, frères et fiancées des autres garçons.

Heureusement qu'il s'était déjà habitué à l'idée de la disparition de ma mère et de María dans l'accident, il y a deux mois, de sorte qu'il a accueilli avec sérénité la confirmation officielle en quelque sorte de leur mort. Il y était préparé.

Moi aussi, comme je l'ai dit à mon père, j'ai l'impression de vivre un rêve, de même que mes autres amis, les rescapés d'hier, c'est-à-dire les huit derniers. En effet, nous sommes tous réunis, heureux et saufs.

Leur sauvetage s'est opéré sans difficultés, grâce à Dieu. Il faisait un temps radieux, le soleil brillait.

Faisaient partie de la seconde fournée : Martín Lamas, Felipe Rivera, Mario Stern, Alberto Riveros, Roy Murphy, Andrés Patiño, Gabriel Madariaga et Pablo Rey. Mais pas Santiago Cherro, il était mort malheureusement pendant notre expédition.

Lorsque l'hélicoptère transportant la seconde fournée s'est posé à Los Maitenes, les mêmes scènes se sont répétées.

A nouveau, les embrassades dès qu'ils ont sauté de la cabine de l'appareil. Ils se mettaient en quête des pilotes et des andinistes qui leur avaient tenu compagnie la dernière nuit dans les neiges andines, et aussi des muletiers, afin de leur exprimer à tous leur reconnaissance pour leur avoir sauvé la vie et les avoir ramenés, chose quasiment impossible, à la civilisation. Leur maigreur faisait peur à voir. Ils avaient l'air épuisés, étaient déguenillés et sales, avec leurs visages barbus et grillés par les soixante-dix jours passés dans la montagne.

— As-tu vu l'herbe? Quelle merveille!... s'exclamaient-ils, allant d'un côté à l'autre, et regardant alentour. Vous êtes des types épatants, formidables!... Quel rêve fantastique!...

Mario Stern souriait, en regardant minutieusement chaque arbre, comme si c'était la première fois qu'il en voyait. Andrés Patiño, près de lui, arrachait de terre un trèfle, qu'il couvrait de baisers.

S'approchant d'un muletier, Gabriel Madariaga lui a demandé de lui prêter son cheval. Il l'a enfourché et est parti au galop vers la colline. Revenu en terrain plat, il a sauté à bas du cheval, que Stern a aussitôt enfourché.

— Là-bas en Uruguay, je passe de longues semaines à la campagne, expliquait Gabriel aux muletiers, rangés en cercle autour de lui. Je vais en profiter pour monter à cheval.

Il s'est aperçu que son ami Mario Stern lui avait pris sa monture et il s'est mis à gueuler :

— Rends-moi mon cheval! Rends-moi mon cheval! Je t'en prie, Mario!...

Certains garçons se prenaient la tête et s'ébouriffaient les cheveux. D'autres se dévisageaient longuement, comme s'ils se revoyaient après un an d'absence. Beaucoup s'accrochaient les uns aux autres, pleurant de joie, et se roulaient dans l'herbe.

Un des rescapés s'est approché d'une infirmière pour lui demander du thé chaud et elle s'est hâtée d'aller en chercher dans la maison. On continuait à s'exclamer, plein de reconnaissance pour les muletiers et les pilotes de l'hélicoptère :

— Vous êtes des champions, de vrais champions !...
Nous vous devons la vie !...

Étendu sur un brancard, Roy Murphy, pâle et décomposé, s'efforçait de prendre part à la conversation et racontait à l'un des aviateurs qu'il faisait partie de l'équipe de rugby des Old Christians.

— Veux-tu que je te dise quel joueur je suis dans l'équipe ?

Et un de ses amis de s'esclaffer :

— Tu crois que tu vas jouer maintenant, squelette ambulant ?

Et deux autres, près de lui, se sont mis à rire bruyamment.

Le Dr Eduardo Sánchez, médecin de l'armée de l'air chilienne, qui participait aux secours dans les hélicoptères, s'est approché d'un groupe pour demander comment on se sentait et si personne n'éprouvait une douleur quelconque. Riant, les garçons ont répondu, presque en chœur :

— Rien, rien. Ne voyez-vous pas que nous sommes vivants ?...

Osvaldo Villegas, un des andinistes du Corps de sauvetage des Andes, allait et venait en bombant le torse, tenant à la main la bande dessinée *Mafalda* où figuraient les dédicaces que lui avaient écrites les huit derniers survivants. On y lisait des phrases rédigées à l'intérieur du fuselage, à la lueur d'une lampe :

« Merci au Chili, pour tout. Un ami qui lui doit la vie et quelque chose de plus beau encore : l'Amitié. »

« Aux trois plus beaux visages du monde après 71 jours dans la Cordillère. »

« En témoignage de reconnaissance au "saint-bernard" Osvaldo. Un des survivants du F-227. "Alias Pancho". »

Un des garçons a appelé Villegas pour s'entretenir en aparté avec les deux autres andinistes du Corps de sauvetage des Andes, Claudio Lucero et Sergio Díaz, qui, avec Villegas, ont passé la dernière nuit à l'intérieur des débris du fuselage.

— Tu vois? Je te l'avais dit, je te l'avais dit, mon gars, a rappelé Díaz à Alberto Riveros, en le saisissant par la taille et en lui donnant une bourrade amicale. Nous avons gagné, tu as vu?

Alberto a embrassé le vieux montagnard, puis a saisi la tête de Claudio Lucero, lui caressant le visage.

— Merci, ami. Dieu vous le rendra. J'ai beaucoup prié et je prierai beaucoup pour vous, répétait-il.

Un journaliste s'est approché d'eux et Martín Lamas lui a pris la main :

— Cette nuit, lui a-t-il raconté, nous avons chanté dans l'avion avec les andinistes chiliens. Nous avons chanté presque toute la nuit parce que, comme tu imagines, nous n'avons pas fermé l'œil... Sergio nous a appris une chanson... Veux-tu que je te la chante?

Armando Parodi, qui se trouvait près de lui, l'a interrompu :

— Oui, oui. Nous avons chanté à tue-tête. En pleine nuit, à moitié morts, nous avons chanté en nous donnant la main. Nous avons fêté là-haut l'anniversaire de Sergio Díaz : 48 ans... Nous leur demandions si les hélicoptères allaient venir et les Chiliens ne se lassaient pas de nous confirmer qu'ils viendraient.

— Les gars... a crié Felipe Rivera, qui suivait la conversation. Chantons la chanson que nous a apprise cette nuit Sergio...

Et tous les garçons, se donnant la main, et accompagnés des voix rauques des quatre andinistes, ont entonné en chœur :

        « Je cultive une rose blanche,
          en juin comme en janvier,
          pour l'ami sincère

qui me donne sa main loyale
et pour le cruel qui arrache
le cœur qui me fait vivre,
je ne cultive ni chardons, ni orties...
Je cultive une rose blanche... »

Achevé d'imprimer en mars 1993
sur les presses de l'Imprimerie Bussière
à Saint-Amand (Cher)

PRESSES POCKET - 12, avenue d'Italie - 75627 Paris Cedex 13
Tél. : 44-16-05-00

— N° d'imp. 802. —
Dépôt légal : avril 1993.
Imprimé en France